Dani Karavan

Hommage an Walter Benjamin
Homage to Walter Benjamin

Ingrid Scheurmann
Konrad Scheurmann
(Hrsg.)

Hommage an Walter Benjamin
Der Gedenkort „Passagen" in Portbou

Dani Karavan

Homage to Walter Benjamin
"Passages", Place of Remembrance at Portbou

Verlag Philipp von Zabern
Mainz 1995

INHALT
CONTENTS

In Portbou ist mit dem Gedenkort für Walter Benjamin und das Exil ein Kunstwerk geschaffen worden, das Menschen ehrt, die mit ihrer Form des Widerstehens wesentlich dazu beigetragen haben, daß die geistige Tradition Deutschlands unter dem nationalsozialistischen Regime nicht völlig verloren ging. Die namhaften Repräsentanten aus Kultur, Wissenschaft, Kunst und Politik und auch die vielen Namenlosen, die damals aufgrund ihrer politischen Haltung oder ihrer Abstammung gezwungen waren, Deutschland zu verlassen, haben im Exil unter oftmals entbehrungsreichen Bedingungen die Kontinuität der deutschen Kultur aufrechterhalten und für die Idee eines besseren Deutschlands gestritten. Ihnen ist nach dem Ende des Krieges von offizieller Seite weder ein Dank ausgesprochen worden, noch wurden sie eingeladen, in ihre Heimat zurückzukehren, vielmehr begegneten ihnen oft Zurückhaltung und mangelndes Verständnis, manchmal auch der Vorwurf von Feigheit und Vaterlandsverrat.

Mit dem Gedenkort in Portbou haben die Exilierten fast 50 Jahre nach Kriegsende endlich eine würdige offizielle Anerkennung erfahren.

Dieser Ort der Erinnerung verdankt sein Entstehen der Anregung des ehemaligen Bundespräsidenten Herrn Dr. Richard von Weizsäcker und dem gemeinsamen finanziellen Engagement der Ministerpräsidenten der Länder der Bundesrepublik Deutschland sowie des Präsidenten von Katalonien, Herrn Jordi Pujol. Ihnen allen und auch den privaten Spendern möchte ich an dieser Stelle herzlich danken. Die weltweiten positiven Reaktionen auf das Kunstwerk von Dani Karavan

Sieghardt v. Köckritz

Mit dem Gedenkort in Portbou haben die Exilierten fast 50 Jahre
With this memorial at Portbou these exiles have at

The Portbou memorial to Walter Benjamin and exile establishes a work of art honouring those whose particular form of resistance essentially ensured that the German intellectual tradition was not completely lost under the National Socialist regime. Well-known representatives of culture, science, art, and politics as well as many nameless people, forced to leave Germany because of their political stand or their birth, upheld the continuity of German culture in exile, often in circumstances of great privation, and fought for the idea of a better Germany. After the war they neither received official thanks nor were they invited to return home. In fact they often encountered a cool response and lack of understanding, and were sometimes accused of cowardice and betrayal of their fatherland.

With this memorial at Portbou these exiles have at long last, almost 50 years after the end of the war, received worthy official recognition.

This place of remembrance has come into existence thanks to an idea put forward by the former Federal President, Dr. Richard von Weizsäcker, and to shared financial commitment by the Minister-Presidents of Germany's federal Laender and the President of Catalonia, Señor Jordi Pujol. I would like to express heartfelt thanks to them all and also to private donors. Positive reactions across the world to Dani Karavan's work of art confirm that remembrance, for long urged as a

bestätigen, daß das als notwendig angemahnte Erinnern seine angemessene Form gefunden hat.

Wenn noch in diesem Jahr in Portbou eine Walter-Benjamin-Stiftung gegründet wird, die sich unter internationaler Beteiligung dem Lebenswerk Benjamins ebenso widmen soll wie den Problemen von Vertreibung, Exil, Emigration und Fremdenhaß, so geschieht das mit dem Ziel, an einer der schicksalhaftesten europäischen Grenzen einen Ort des Gesprächs und der Begegnung zu begründen, ein Forum für grenzüberschreitende Verständigung. Ganz im Benjaminschen Sinne wird Karavans Hommage, als künstlerische Umsetzung des Erinnerns für die Zukunft, zum Ausgangspunkt für einen Diskurs über ein verantwortliches gesellschaftliches Handeln.

Aus einer ähnlichen Haltung heraus ist die Realisierung des Gedenkortes über alle Schwierigkeiten hinweg gelungen. Dem Künstler und allen am Projekt Beteiligten gilt mein Dank für die überzeugende Arbeit. Doch ohne das ausdauernde Engagement von Dani Karavan und von Ingrid und Konrad Scheurmann wäre dieser Ort der Erinnerung nicht entstanden.

Es bleibt zu wünschen, daß die Botschaft, die von dem Gedenkort ausgeht, ein wenig zu dem beiträgt, was Dani Karavan mit seinem Werk erreichen möchte: den Frieden.

Dr. Sieghardt v. Köckritz,
Vorsitzender des AsKI

nach Kriegsende endlich eine würdige offizielle Anerkennung erfahren
long last, almost 50 years after the end of the war, received worthy official recognition

necessity, has found an appropriate form.

A Walter Benjamin Foundation will be established at Portbou this year with international support and devote itself to Benjamin's life and works as well as to the problems involved in expulsion, exile, emigration, and hatred of foreigners. The objective is to set up a place of discussion and encounter, a forum for understanding across frontiers, at one of the most fateful of European borders. Karavan's homage as an artistic transposition of remembrance for the future thus becomes, in a truly Benjaminian sense, a starting-point for discourse about responsible social action.

Implementation of this place of commemoration, despite all the difficulties, was the outcome of a similar attitude. My thanks go to the artist and to all those involved in the project for their dedicated work. However, without the ongoing commitment of Dani Karavan and of Ingrid and Konrad Scheurmann this memorial would not have come into being.

Finally it is much to be hoped that the message emanating from this place of remembrance furthers what Dani Karavan wishes to support by way of his work – peace.

Dr. Sieghardt v. Köckritz,
AsKI Chairman

Walter Benjamin *Gesammelte Schriften I, S. 1241*

Schwerer ist es, das Gedächtnis der Namenlosen zu ehren als das der Berühmten. Dem Gedächtnis der Namenlosen ist die historische Konstruktion geweiht.

It is more arduous to honour the memory of the nameless than that of the renowned. Historical construction is devoted to the memory of the nameless.

Der alte Mann mutet sich einen
schweren Gang zu, als er beschließt,
die Stufen zum Meer hinunterzuschreiten,
die ihn der Gegenwart entreißen und
in die Vergangenheit zurückführen. Ein
steiler Korridor fokussiert auf einen
Meeresstrudel in der Tiefe, er bietet dem
Hinabsteigenden keinen Halt, keine
Hilfestellung.

87 schmale Stufen führen ihn von
dem kleinen Friedhofsvorplatz in eine
andere Welt. In konzentrierter Aufmerksamkeit nur ist der Weg abzuschreiten,
erfordert die entschiedene Abkehr vom
alltäglichen Treiben des kommunikativen
Platzes und das Sichaussetzen einer individuellen, einsamen Kunsterfahrung –
eine Auseinandersetzung mit sich selbst
und der eigenen Vergangenheit.

Den Blick zurück in die Erinnerung
eigenen Verfolgtseins in einer Welt fana-
tisierten Rassenhasses und Anti-Intellek-
tualismus erlebt der Altgewordene als
ein Hinabschreiten in die Erde, die Tiefe
der dort bewahrten Erfahrung, der Trauer und des Traumas. Eine schmale Stahltreppe, flankiert von 2,35 Meter hohen
stählernen Wänden, leitet den mit der
Erfahrung der Geschichte des 20. Jahrhunderts Beschwerten durch einen ins
Erdreich getriebenen Korridor, im stren-
gen Rhythmus der Stufenfolge auf ein
zunächst noch diffuses Ziel.

Der „Zeitzeuge", wie er heute genannt
wird, erlebt Dani Karavans Environment
für Walter Benjamin in Portbou – ein
Kunstwerk, das als Hommage an einen
der großen Denker und Theoretiker der
Moderne an dem Ort konzipiert wurde,
an dem seine Verfolgung durch die Nazis
in dem tragischen Tod vom 26. September 1940 kulminierte.

ERINNERN
REMEMBRANCE

EinGedenken
Ingrid Scheurmann
Mindfulness

The old man embarks on a difficult task when he decides to
walk down the steps towards the
sea, an action that takes him out of
the present and back into the past.
A steep corridor focuses on the
turbulent sea far below, offering no
support, no assistance, for the man
climbing down. 87 narrow steps take
this man from the small cemetery
forecourt into another world. This
way can only be followed with concentration and attention; it demands
turning decisively away from everyday events on the public meeting-
place and exposing oneself to an
individual, solitary experience of
art – a facing up to oneself and
one's own past.

Having by now attained old age,
the man experiences this look back
onto persecution in a world of fanat-
ical racial hatred and anti-intellec-
tualism as a descent into the earth,
into the depths of the mourning
and trauma preserved there. A
narrow stairway of steel, flanked
by metal walls 2,35 metres high,
leads this man, burdened with the
history of the twentieth century,
through a corridor driven into the
earth, following the strict rhythm of
the succession of steps towards an,
for the time being, still uncertain
goal.

This "witness to the age" – as
he is called today – is experiencing
Dani Karavan's environment for
Walter Benjamin at Portbou, a work
of art conceived as homage to the
great thinker and theoretician of
modernism in the place where Nazi
persecution culminated in his tragic
death on September the 26th 1940.

Kein Mahnmal oder Denkmal im klassischen Sinne ist an der steilen Felsenküste der nördlichen Costa Brava entstanden, sondern ein Zeichen stiller Eindringlichkeit, das an elementare menschliche Erfahrungen und Empfindungen rührt.

Da das Kunstwerk erst in steter Annäherung an Walter Benjamin und in Auseinandersetzung mit seinem Leben und Werk Gestalt angenommen hat, hat sich der überkommene Mahnmal- oder Denkmalcharakter dem Künstler von Beginn an als Lösung verwehrt: In kongenialer Übereinstimmung mit Benjamins Philosophie hat Karavan vielmehr eine Annäherung geschaffen, die dessen Biographie gleichsam verhüllt, sein Schicksal vor der allzu großen neugierigen Nähe der Nachfahren schützt und sich gleichzeitig öffnet für ein Memento Mori im Benjaminschen Sinne:

„Schwerer ist es das Gedächtnis der Namenlosen zu ehren als das der Berühmten. Dem Gedächtnis der Namenlosen ist die historische Konstruktion geweiht."

Dieses einzige Zitat Benjamins in Karavans Environment bezieht den alten Mann, der sich nach Portbou begeben hat, um Benjamin als Schicksalsgenossen zu ehren, ein in den Versuch von Annäherung und Verstehen – es zwingt ihn aber auch zum aktiven Sichvergegenwärtigen, zur Wiedereroberung der eigenen Geschichte, zum Ab-Arbeiten.

Jeder seiner Schritte nach unten über die hohl aufliegende Stahltreppe bewirkt einen Nachhall, pocht sozusagen an die Tür der Erinnerung, klingt nach wie ein leises Echo. Die dumpfen Geräusche verstärken die Einsamkeit dieser Kunsterfahrung. Ganz leise nur dringt daneben der fröhliche Gesang der Vögel, das kontinuierliche Pfeifen der rangierende Züge, das Aufplatschen des brandenden Meeres zu ihm in seine unterirdische Erinnerungsarbeit – ansonsten Stille nur und die strenge, nahezu unerbittliche Ausrichtung nach unten, den konzentrierten Blick auf das Tosen des Meeres gerichtet, in dem sich Gefühle und Gedanken verlieren. In seinem mal friedvollen Gleiten, dem zuweilen aufschäumenden Tosen oder der alles mitreißenden Bewegung des Verschlingens zeichnet das Meer ein Urbild der Wechselfälle menschlichen Lebens, setzt in unpathetischer Direktheit auch das Schicksal des ewigen Emigranten ins Bild.

Dani Karavan hat die Natur durch die Ausrichtung seines Werks und die darin enthaltene Aufforderung zum konzentrierten Schauen zum Sprechen gebracht,

This is not a classical monument or memorial which has been erected on the steep rocky coast of the Northern Costa Brava. Instead it signifies tranquil urgency, evoking elemental human experiences and feelings.

This work of art developed by way of constant attunement to Walter Benjamin, to his life and work, so that for the artist the traditional style memorial was ruled out right from the start. Karavan, in sympathetic accordance with Benjamin's philosophy, has succeeded in an approach that as-it-were veils its subject's biography, protects his fate from the all-too curious proximity of posterity, while at the same time opening itself to a Benjaminesque Memento Mori:

"It is more arduous to honour the memory of the nameless than that of the renowned.Historical construction is devoted to the memory of the nameless".

This single quotation from Benjamin's oeuvre in Karavan's environment assimilates the old man, who came to Portbou to pay tribute to Benjamin as someone who suffered a similar fate, attempting to come closer and understand. It also forces this old man to undertake active recollection, once again coming to terms with and mastering his own history.

Each of his steps down the steel stairway laid over an empty space reverberates, so-to-speak knocking on the door of memory, sounding like a gentle echo. These hollow sounds intensify the solitude of this experience of art. This subterranean contemplation of memories is only distantly accompanied by joyous bird-song, the whistling of shunting trains, and the waves breaking below – otherwise just silence and an austere, even pitiless, focus downwards with the gaze concentrated on the turbulence of the sea where feelings and thoughts lose themselves. In its transitions between peaceful motion, foaming agitation, and all-engulfing power, the sea presents an ancient image of the vicissitudes of human life, also depicting with unbombastic directness the fate of the eternal emigrant.

With the orientation given to his work and its invitation to visual

dem Betrachter dabei aber die Freiheit belassen zur individuellen Ausformulierung einer einzigartigen Natur- und Kunsterfahrung.

Der alte Mann kann dem Anblick des tosenden Meeres nicht ausweichen, die Treppe zieht ihn förmlich weiter nach unten, die engen, abfallenden Stahlwände unterstützen diese Bewegung, sie bekräftigen die Stetigkeit und Gemäßheit des Abschreitens. Der blaue Himmel wiederum, der sich nach einigen Metern über ihm öffnet, bietet keine Orientierungshilfe, kein Zeichen. Auf drei Viertel

der Tiefe des Korridors angekommen, stoppt eine Glasplatte den Weg des Alten abrupt – von hier aus soll er das Meer nunmehr verharrend betrachten: Erst beim zweiten Hinschauen enthüllen sich ihm Benjamins Gedanken an die Namenlosen als ein in die Glasscheibe eingemeißeltes Zitat, das das Tosen des Meeresstrudels gleichsam umrahmt: Das Schicksal der Namenlosen und Vergessenen – auch sein eigenes – steht dort mit seinen Geheimnissen und Schrecknissen geschrieben. Er selbst, der über 80jährige, steht dort und erlebt ganz plötzlich und

schmerzhaft noch einmal den Verlust der Namenlosen, der Freunde, Bekannten und Verwandten – in dem überwältigenden Gefühl der vollständigen Einsamkeit des Überlebenden. An der Schwelle zur eigenen Vergangenheit, im Wiederbegegnen mit einer längst vergangenen Zeit, die zu verstehen vielen der ihn heute umgebenden Menschen kaum möglich ist, ist der Alte allein. Die Glasscheibe verwehrt ihm das Einswerden mit dem Vergangenen, sie zwingt ihn zurück, bedeutet ihm mit der Möglichkeit von Kontakt zugleich die Notwendigkeit

concentration, Dani Karavan has made nature speak while leaving the observer free to find his own words for this unique experience of nature and art.

The old man cannot avoid the sight of the agitated sea. The steps almost draw him downwards. The confining steel walls, falling away towards the sea, support that movement, confirming the constancy and appropriateness of the descent. The blue sky, however, which after a few metres opens up above his

head, offers no orientation, no sign. After descending three quarters of this corridor a sheet of glass abruptly blocks the old man's progress. Here he is supposed to remain and watch the sea. Only when he looks for a second time are Benjamin's thoughts on the nameless revealed to him as a quotation engraved in the glass, as if framed by the turbulent sea. The fate of the nameless and forgotten – including his own – is written there together with its secrets and terrors. He himself, now

over 80, stands in that place, and suddenly and painfully once again experiences the loss of the nameless, of friends, of acquaintances, of relatives – in an overwhelming feeling of the complete solitude of the survivor. The old man is alone on the threshold to his own past, re-encountering a time long ago, which many of the people surrounding him today are scarcely capable of understanding. The glass prevents him from becoming one with what is past. It forces him back,

des Weiterlebens, des Wiederhinaufschreitens, der Wiederannäherung an den belebten Platz und seine Menschen. Die Einsamkeit der Kunsterfahrung läßt ihm zugleich aber sein Geheimnis, das Einssein mit den Namenlosen, den schmerzhaft und zugleich versöhnlich verspürten Blick in das eigene Schicksal eines Verfolgten.

Die Stimmen von schwatzenden Dorfbewohnern auf ihrem Gang zum Gemeindefriedhof, das Lachen der Kinder und die herumstreunenden Hunde holen den alten Mann zurück in die Gegenwart. Die Toten der katalanischen Familien scheinen integriert in den Lebenslauf der Gemeinde; einem Ritual gleich werden sie allabendlich vor dem Dunkelwerden besucht, haben sie Anteil an der Muße der Lebenden, die ihren Arbeitstag hier beschließen und auf dem Friedhofsvorplatz über den zurückliegenden Tag plaudern.

Dani Karavan hat diesen Ort des Kommens und Gehens, der das lebendige Treiben des Küstenstädtchens von der Ruhe der Toten auf dem ins Meer herausragenden Hügel trennt, nicht tangiert. Der Platz stellt lediglich den Ausgangspunkt seiner Arbeit dar, einen natürlichen Treffpunkt gewissermaßen, von dem aus seine „passages" sich in unterschiedliche Richtungen öffnen.

Beim Aufstieg aus dem Korridor öffnet sich der Horizont über dem alten Mann – der Inbegriff von Freiheit, Weite und Unbegrenztheit bietet ihm jedoch kein erkennbares Ziel seines Schreitens; erst als er fast wieder am Ausgangspunkt angekommen ist, blickt er vor eine gemauerte Wand in der verlängerten Achse des Korridors, die in ihrem scharfen Kontrast zum Freiheit verheißenden Himmel

signifying – alongside the possibility of contact – the necessity of carrying on living, of climbing upwards again and returning to the busy forecourt and the people. Yet the solitude of this experience of art leaves him his secret, the being at one with the nameless, and the painful and yet reconciliatory glimpse of his own fate as someone who was persecuted.

The voices of villagers chatting on their way to the community cemetery, children's laughter, and roaming dogs bring the old man back to the present day. The dead in Catalan families seem to be integrated in community existence. They are visited every evening, as if in a ritual, before darkness falls; they share in the leisure of the living who conclude their working-day here, talking on the cemetery forecourt about what happened.

Dani Karavan has not intruded on this place of coming and going, which separates the vital pursuits of the little coastal town from the stillness of the dead on the mountain jutting out into the sea. This forecourt merely constitutes the point of departure for his work, a kind of natural meeting-place from where his "Passages" open out in different directions.

As the old man ascends out of the corridor, the horizon unfolds above him. However, this epitome of freedom, vastness, and absence of restrictions does not offer him any recognizable objective. Only when he has almost reached his starting-

deren Begrenzung auf der Erde umschreibt. Einer Wand sieht sich der Alte gegenübergestellt, die für ihn als „Zeitzeugen" nicht nur die symbolische Bedeutung von Begrenzung und Grenze in sich trägt; die Wand erinnert ihn auch an die Opfer vor der schwarzen Wand in Auschwitz, an die Gegner des Nazi-Regimes unter seinen Freunden, die an einer namenlosen Wand irgendwo in Europa den Preis für Zivilcourage und Widerstand zahlen mußten.

Erst als er sich aus der Macht der künstlerischen Formensprache zwischen Meeresstrudel und Steinmauer zu lösen vermag und wieder in die Gegenwart eintaucht, öffnet sich ihm der Blick auf einen steilen, felsigen Bergpfad, der ihn vom Friedhofsvorplatz aus zu den weiteren Elementen von Dani Karavans Environment leitet.

Diesen natürlichen Pfad – historisch der Weg zum rückwärtigen Eingang des nichtkatholischen Teils des Gemeindefriedhofs – hat der Künstler ebenso kongenial in sein Werk integriert wie die Zeichensprache des Meeresstrudels. Der steinige Weg, der dem Besucher die körperliche Anstrengung der Flucht näher bringen mag, aber auch die Begegnung mit der reichen natürlichen Flora der Pyrenäen, wie sie die Emigrantenliteratur immer wieder umschrieben hat, führt vom Allgemeinen zurück auf Benjamins Biographie, seinen letzten Weg über die Berge von Banyuls-sur-Mer in Frankreich nach Portbou in Spanien.

Karavan wäre nicht Karavan, und schon gar nicht arbeitete er im Benjaminschen Sinne, würde er das Eintauchen in die Vergangenheit mit ihren unzähligen Spuren von Leid und Verfolgung,

von Ausgestoßensein und Existenzangst, von Flucht und Tod nicht rückbeziehen auf die Gegenwart und herüberleiten in die Zukunft, würde er nicht den Fragmenten kollektiver und individueller Erinnerung Zeichen stiller Hoffnung gegenüberstellen, wenn auch nur, um die Spanne menschlicher Erfahrung zu skizzieren und deren Möglichkeiten auszuloten.

Vorsichtig deutet der Künstler die Hoffnung auf Freiheit an, die der anstrengenden Flucht über die Berge zugrunde gelegen haben mag: Eine kleine Stahltreppe lenkt den Blick des Besuchers auf einen Olivenbaum, der sich an die Friedhofsmauer anlehnt und dem scharfen Pyrenäenwind dadurch zu trotzen sucht. Der Olivenbaum – dem israelischen Künstler ein versöhnliches Zeichen für Frieden und Freiheit, ein künstlerisches

point again is he confronted by a stone wall in the corridor's extended axis, circumscribing earthly limits to the freedom promised by the sky. The old man is confronted by a wall which for him, as "witness to the age", does not just symbolize restriction and frontier. The wall also reminds him of victims in front of the black wall of Auschwitz, of friends who opposed the Nazi regime and had to pay for their courage and resistance at some nameless wall somewhere in Europe.

Only when the old man can break away from the power of this artistic expression at work between the turbulent sea and the stone wall, and once again enters the present day, does there open up the view of a steep, rocky mountain path,

taking him from the cemetery forecourt to the other elements in Dani Karavan's environment.

This natural path – historically the way to the cemetery's rear entrance, leading to the section for non-Catholics – has been integrated by the artist into his work just as skilfully as he incorporated the symbolic language of the sea's turbulence. This stony way, which may convey to the visitor an understanding of the physical exertions of flight as well as of the wealth of natural flora in the Pyrenees time and again described in emigrants' writings, leads back from general considerations to Benjamin's biography and his final journey across the mountains from Banyuls-sur-Mer in France to Portbou in Spain.

Karavan would not be Karavan, and he would not be working in Benjamin's spirit, if he did not relate this immersion in the past with its innumerable traces of suffering and persecution, rejection and existential fear, flight and death, to the present day and to the future, if he did not contrast these fragments of collective and individual memory with signs of silent hope, even if only to sketch the range of human experience and plumb the depths of the possibilities involved.

The artist cautiously indicates the hope of freedom that may have underlain the exertions of flight across the mountains. A few steps in steel direct the visitor's attention to an olive tree, leaning against the cemetery wall, seeking to withstand

Ausdrucksmittel, das in vielen seiner Werke Verwendung gefunden hat – verkörpert hier jedoch nicht allein den Kampf ums Überleben, sondern auch das Überleben selbst: Das Schicksal hat sich in die knorrigen Formen seines Stammes eingeschrieben, hat sein Gesicht verwundet, hat Teile des Stamms absterben lassen, und dennoch hat der Baum jeden Sturm überlebt, ist er älter geworden trotz aller Naturkatastrophen, trägt er eine Unzahl frischer Früchte.

Der alte Mann erklimmt die wenigen Stufen, die auf den Olivenbaum hinleiten und nimmt ihn wahr vor dem Korridor, der weiter unten in den Fels getrieben ist und gewissermaßen die Folie für die Betrachtung des Baumes darstellt. Erinnerung und Grauen, Hoffnung und Weiterleben liegen unmittelbar nebeneinander.

Dani Karavan hat die herbe Natur der katalanischen Berge sprechen lassen durch eine zurückhaltende, dadurch aber um so eindringlichere künstlerische Übersetzung. Kein Trost, kein Pathos; kein erhobener Zeigefinger streckt sich dem Besucher entgegen, die künstlerische Landschaftsinterpretation erschließt sich in ihrer ganzen Kraft vielmehr nur dem, der sich auf ihre Formensprache einläßt.

Die stählerne Plattform vor dem Olivenbaum lädt den Alten ein, den Blick über die malerische Bucht schweifen zu lassen, sich zu verlieren im tiefen Blau des Meeres, den Grat der kahlen Pyrenäenberge nachzuzeichnen, Reichtum und Schönheit einer Natur zu vergegenwärtigen, die keine Anzeichen davon birgt, welches Grauen und Elend sich auch vor ihrer sonnigen Kulisse ereignet hat.

Der alte Mann wendet sich ab, senkt den Blick auf den steinigen Grund unter seinen Füßen, der die Stimmung seiner Rückerinnerung besser umschreibt, und verfolgt den schmalen Pfad bis hinter die Friedhofskapelle, wo sich der Weg in einem kleinen Platz scheinbar verliert und eine quadratische Plattform mit einem Würfelsitz in der Mitte ihn zum Ausruhen einlädt. Hier ist es nun ganz still. Nur von fern hört er das Schwatzen einiger Frauen auf dem Friedhofsvorplatz, das Gebell der Hunde, vereinzeltes Kindergeschrei. Hier rastend, dringt der Gesang der Vögel ganz intensiv zu ihm, der Ginster duftet und auch die übrigen Gebirgskräuter umhüllen seine Sinne. Die warme Sommersonne läßt ihn ausruhen, durchatmen, meditieren. Der Meeresstrudel, der ihn in gebannter Aufmerksamkeit hielt, scheint weit weg zu sein,

the piercing Pyrenees wind. For the Israeli artist the olive tree is a reconciliatory symbol of peace and freedom, a means of artistic expression employed in many of his works – but here it does not simply embody the struggle for survival. The olive tree also stands for survival itself. Destiny has left its mark on the gnarled trunk, has ravaged its appearance, has led to the death of parts of this tree, and yet the olive tree has survived all storms, has become older despite all the natural catastrophes, and bears many new fruit.

The old man climbs up the few steps leading to the olive tree and looks at it against the background of the corridor in the rock down below which to some extent provides the setting for contemplation of the tree. Memory and horror, hope and survival, are very close in this place.

Dani Karavan has made the austere nature of the Catalan mountains speak by way of a restrained but thereby all the more striking artistic transposition. No consolation, no pathos, no admonishing forefinger. The artistic interpretation of this landscape only opens up fully to someone responsive to its formal language.

The small steel platform in front of the olive tree invites the old man to let his eye wander around the picturesque bay, to lose himself in the deep blue of the sea, to follow the bare ridges of the Pyrenees, and to reflect on the richness and beauty of a nature which shows no sign of the horror and misery that have occurred in this sun-drenched setting.

The old man turns away, directs his gaze towards the stony ground under his feet, more accurately reflecting the mood of his memories, and follows the narrow path back to the cemetery chapel where it seemingly loses itself in an area containing a platform with a seat which invites him to rest. Here everything is completely still. Only in the distance does he hear the chattering of women on the cemetery forecourt, dogs barking, and isolated children's cries. As he rests here, bird-song gains in intensity, the aroma of broom becomes apparent, and other mountain plants

Ich wundere mich manchmal, daß ich mich entschlossen hatte, im Mai nach Portbou zu fahren. Denn ich habe Angst vor Feiern aller Art, vor Denkmälern, Festreden, Monumenten und Einweihungen.

Aber dann war ich froh, daß Konrad und Ingrid Scheurmann und mein Instinkt mich doch wieder an diese Grenze geführt haben. Es war alles das Gegenteil von dem, was ich befürchtet hatte. „Sie werden dort aus dem alten Benjamin sicher etwas Pompöses machen", hatte ich gedacht, wo er doch ganz anders

war. Dann sah ich seine Worte von dem Gedenken an die Namenlosen. Ich sprach mit dem Künstler, Dani Karavan. Und ich dachte, das ist doch alles richtig hier.

Dani mußte mir sein Werk noch vor der Eröffnung zeigen. Ich wußte nicht viel darüber, ich war nicht vorbereitet darauf. Wir gingen zusammen zum Eingang: Er liegt vor dem weißen, terrassierten Friedhof, der wie ein Teil der Umgebung dorthin gehört. Ich sah zunächst nur die Stufen der dunklen Passage, die Dani geschaffen hatte: Sie waren zu steil für

meine 84 Jahre. Aber er sagte: Doch, das schaffen wir schon, und halb trug er mich hinunter. Zum Glück bin ich nicht sehr schwer.

Diese Dunkelheit ist ja zum Greifen, sage ich vor mich hin, ohne zu wissen, was das heißt. Wir gehen weiter hinunter, immer weiter durch den dunklen Tunnel ... Aber da vorne – da ist Licht! Das Licht ist das Wasser, das Mittelmeer. Weiter, nur noch einige Stufen hinunter: Da, zur Seite, ist jetzt der schwarze Felsen gegen den hellen Himmel und das Meer.

Lisa Fittko

Immer wieder fragt man mich, wie ich das Kunstwerk deute. Ich weiß jetzt
Time and again people ask me how I interpret this work of art.

I'm sometimes surprised that I decided to travel to Portbou in May 1994. After all, I'm apprehensive about all kinds of ceremonies – about memorials, speech-making, monuments, and inaugurations.

But then I was happy that Konrad and Ingrid Scheurmann, and my instinct, did take me to this frontier once again. Everything was quite different to what I had feared. I was afraid they might make something pompous out of Old Benjamin when he was not like that at all.

Then I saw his words about remembering the nameless. I talked to Dani Karavan, the artist. And I thought: everything is alright here.

Dani had to show me his work before the opening. I didn't know much about it and was not prepared. We went together to the entrance just in front of the white, terraced cemetery, which belongs there as if it were part of the environment. At first I only saw the steps in the dark passage which Dani had created. They were too

steep for my 84 years. But he said that we'd manage and half carried me down. Fortunately I'm not very heavy.

You can almost grab hold of this darkness I say to myself without knowing what that means. We go further down, further and further through the dark tunnel ... But there in front of us – there is light! The light is water, is the Mediterranean. Just a few steps more and the black rock to the side stands out against the bright sky and the

Die Ausläufer der Pyrenäen, die wir so oft bestiegen haben, um Menschen vor dem faschistischen Terror zu retten, diese uralten Berge, wo wir jeden Winkel kannten.

Dani will dann wissen, was ich davon halte. Aber im Moment bleiben mir die Worte weg. Immer wieder fragt man mich, wie ich das Kunstwerk deute. Ich weiß jetzt keine Antwort, ich kann nicht deuten, weil ich zu erschüttert bin.

Es scheint, daß das ganze Dorf zur Eröffnung gekommen ist. Sie wollen alle dabei sein, die Namenlosen. Da ist auch eine kleine Gruppe der Überlebenden von Mauthausen. Nach der Feier sind alle zu einem Gemeinschafts-Essen eingeladen.

Meine Nichte Cathy braucht ein Paar Strümpfe. Als sie zahlen will, winkt die Inhaberin des kleinen Ladens ab. „Ihre Tante hat doch die vielen Menschen gerettet ... meinen Sie, daß ich da Geld von Ihnen nehmen werde?" sagt sie. Das war die schönste Ehrung, die mir widerfahren ist.

Lisa Fittko, Widerstandskämpferin, Emigrantin, Fluchthelferin; führte Walter Benjamin im September 1940 von Banyuls-sur-Mer über die französisch-spanische Grenze

keine Antwort, ich kann nicht deuten, weil ich zu erschüttert bin
I don't have any answer now; I cannot interpret because I am too shaken

sea. The foothills of the Pyrenees which we climbed so often to save people from the terrors of fascism. These ancient mountains where we knew every crevice.

Then Dani wants to know what I think of the memorial. But I'm at a loss for words. Time and again people ask me how I interpret this work of art. I don't have any answer now; I cannot interpret because I am too shaken.

It seems as if the whole village has come to the opening. These nameless people all want to be present. There is also a small group of people who survived Mauthausen. After the ceremony everyone is invited to a communal meal.

My niece Cathy needs some stockings. When she wants to pay, the woman who owns the little shop says No. "After all your aunt saved a lot of people ... Do you think I would take your money?" That was the most splendid tribute I've ever received.

Lisa Fittko, member of the resistance, emigrant, and flight-helper, in September 1940 she took Walter Benjamin from Banyuls-sur-Mer across the Franco-Spanish border in the Pyrenees

Die Feierlichkeit in Portbou war für mich noch einmal eine ganz persönliche Begegnung mit Walter Benjamin. Ich glaube, von denen, die in Portbou waren, bin ich einer der ganz wenigen, die noch mit ihm zusammengearbeitet haben und mit ihm befreundet waren. Ich hatte ihn 1926 durch Bloch in Paris kennengelernt und dann später in Berlin wieder getroffen. Ich sah ihn nun plötzlich wieder vor mir, erinnerte mich an die Gespräche mit ihm, an seine Briefe, an unsere Zusammenarbeit an meiner Zeitschrift i 10.

Ich war skeptisch, ob ein „Monument" ihn, Walter Benjamin, und sein ganzes Schicksal zusammenfassen und spiegeln kann, ob es sein Denken oder auch das Geistige seiner Zeit auszudrücken vermag. Es ist für mich auch kaum möglich, dieses Werk von Dani Karavan, das ich als Kunstwerk für sehr gelungen halte, losgelöst von meinen persönlichen Erinnerungen an Benjamin zu betrachten. Diese Skepsis begleitete mich schon auf meiner Fahrt nach Portbou, andererseits drängte es mich, bei der Ehrung meines Freundes anwesend zu sein.

Als ich das Kunstwerk sah und den Erklärungen von Dani Karavan zuhörte, auch erlebte, wie die anderen, die in diesem Moment anwesend waren, darüber redeten und diskutierten, fand ich mich insofern bestätigt, als ich der Meinung war, daß man zum Verständnis von Karavans Werk unbedingt auf Erklärungen angewiesen ist. Man benötigt Informationen zu Benjamin, über seinen Tod hier in Portbou und über diese ganze grauenhafte Zeit, aber man muß auch die Gedanken kennen, die Karavan seiner Arbeit zugrunde gelegt hat, man benötigt also, wie ich es empfand und ausdrücken würde, etwas Literarisches an die Hand.

Dies war mein Eindruck auf dem Platz des Kunstwerkes vor der großen, auf mich sehr gefährlich wirkenden Treppe hinab zum Meer. Als ich unten vor der Scheibe stand – diese steile Treppe hatte mich quasi heruntergezogen – entdeckte

Arthur Lehning

Plötzlich fand ich meine Erinnerung an ihn und die Freunde, die
Suddenly I found my memories of him and all the friends

For me the ceremony at Portbou once again involved a very personal encounter with Walter Benjamin. Of those present I was one of the very few who had worked with him and was his friend. I had met him at Paris through Ernst Bloch in 1926, and had later on encountered him again in Berlin. At Portbou I suddenly saw him before me once more, remembered conversations with him, his letters, and our collaboration on my journal i 10.

I was sceptical whether a "monument" could sum up and reflect Walter Benjamin and his fate, whether it could give expression to his thinking and the intellectual currents of his time. For me it is scarcely possible to detach this creation by Dani Karavan, which I think a very successful work of art, from my personal memories of Benjamin. This scepticism accompanied me during the journey to Portbou. On the other hand I very much wanted to be present for this tribute to my friend.

When I saw the work of art, listened to Dani Karavan, and experienced others talking and discussing, my view that you need explanations to understand it was confirmed. You require information about Benjamin, about his death in Portbou, and about that terrible time, and you also need to know what ideas impelled Karavan's work. My feeling was that literary guidance is called for.

That was my impression on the area above the stairway leading downwards towards the sea, which to me seemed very dangerous. When I stood at the bottom in front of the glass screen – the steep steps had almost dragged me down – I discovered the quotation by Benjamin. Suddenly I found my memories of him and all the friends who

ich das Zitat von Benjamin. Plötzlich fand ich meine Erinnerung an ihn und die Freunde, die mittlerweile schon alle gestorben sind, in diesen wenigen Worten konzentriert. Ich war äußerst bewegt, auch erschüttert. Andererseits empfand ich es als tröstlich, diesen Satz von ihm zu lesen, zu sehen, daß mit diesem Zitat alle Opfer dieses Wahns jener Jahre gemeint sind.

Deshalb denke ich, daß auch Menschen, die nichts von Benjamin wissen, das Kunstwerk in einer allgemeinen Weise verstehen werden. Aber um es mit der Person verbinden zu können, mit deren Werk und auch den Inhalten, die Dani Karavan damit verbindet, benötigt

man Erklärungen – oder Erinnerungen an Benjamin, wie ich sie habe.

Es ist seit der Eröffnung viel über diese Arbeit von Dani Karavan geschrieben worden. Manche interpretieren sie rein biographisch, manche philosophisch, manch einer wertet sie als eine Arbeit mit politischer Aussagekraft. Ich denke, daß in diesen Stellungnahmen auch immer viel eigene Neigung steckt. Wie auch bei mir. Ich selbst verbinde sie in meiner Erinnerung ganz persönlich mit Walter Benjamin.

Manchmal geht mir die Frage durch den Kopf, was Benjamin wohl von all dem gedacht hätte.

Dr. Arthur Lehning, Herausgeber der 1927/28 in Amsterdam erschienenen Avantgarde-Zeitschrift *i10*, deren Mitarbeiter Walter Benjamin war; Anarchismus-Forscher

mittlerweile schon alle gestorben sind, in diesen wenigen Worten konzentriert
who have in the meantime died focused on these few words

have in the meantime died focused on these few words. I was much moved, and also shaken. On the other hand, I felt it was consoling to read this sentence by Benjamin, knowing that this quotation referred to all the victims of the madness of that time.

That is why I think that even people who know nothing about Benjamin will understand this work in a general way. But to be able to connect it with his person, with his works, and with the ideas of Dani Karavan, explanations – or memories of Benjamin as I have – are needed.

Much has been written about Dani Karavan's work since the opening. Some people interpret it purely biographically, some philosophically, and one or two view it as exerting a political impact. In my opinion, such interpretations always entail personal inclinations. That is also the case with me. In my memory I link it absolutely personally with Walter Benjamin.

Sometimes I wonder what Benjamin would have thought of all this.

Dr. Arthur Lehning, publisher of *i10* (1927/28), an Amsterdam-based avant-garde journal to wich Walter Benjamin contributed, and writer on anarchism

Für mich als einstige Emigrantin war es ungemein erschütternd und bewegend, bei der Eröffnung des Denkmals für Walter Benjamin im Mai 1994 dabei zu sein. Die Tage in Portbou haben in mir viele Erinnerungen aus der Zeit meines eigenen Exils wachgerufen: Gedanken an Menschen, die die schwierige Flucht gemeistert haben, und auch an die vielen, die, wie Benjamin, gescheitert sind. Dani Karavan hat dort in meinen Augen ein wunderschönes Kunstwerk geschaffen, ein überzeugendes Denkmal für Walter Benjamin, aber erstmals auch eine würdige Erinnerungsstätte für die Emigration als Ganzes. Wir haben lange darauf warten müssen.

Dieser Entwurf packt einen, er packt einen im Innersten. Mir zum Beispiel gab der Gang durch den schmalen Korridor hinab zum Meer das Gefühl, als ginge ich ins Nichts, als gäbe es kein Zurück, wenn man einmal die Stufen hinuntergestiegen ist. Sicherlich – es gibt da die Glaswand, die ein Hinabstürzen ins Meer verhindert, aber dennoch – es bleibt der Eindruck von etwas Endgültigem. In diesem Schacht konnte ich etwas von dem absoluten Verlassensein empfinden, das Benjamin in Portbou befallen haben muß. Ich stelle ihn mir dabei seltsamerweise immer als einen alten Mann vor, der erschöpft war nach allem, was er durchlitten hatte, der nicht mehr gegen sein Schicksal ankämpfen konnte. Da war es fast überraschend, sich zu vergegenwärtigen, daß er so viel älter als ich selber bei seinem Tod gar nicht war.

Ich meine, Dani Karavan hat durch sein Kunstwerk eine fast persönliche Begegnung mit Benjamin ermöglicht. Darüber hinaus stellt diese Stätte aber noch viel mehr dar: eine Erinnerung an all die Namenlosen, die nicht das Glück hatten zu überleben. Ich habe mich gerade deshalb sehr darüber gefreut, mit welcher Selbstverständlichkeit und Liebe die Menschen von Portbou sich dem

Helga Prinzessin zu Löwenstein-Wertheim-Freudenberg

Ich konnte etwas von dem absoluten Verlassensein
I could feel something of the sense of ab-

For me as a former emigrant it was both deeply distressing and highly moving to be present in May 1994 at the inauguration of the memorial to Walter Benjamin. Those days at Portbou reawoke many memories from the time of my own exile: thoughts of people who managed to escape and also the many who, like Benjamin, came to grief. In my view Dani Karavan has created a wonderful work of art, a convincing memorial to Walter Benjamin, and also the first worthy place of remembrance of emigration per se. We have had to wait a long time for that.

This concept enthralls, gripping one inwardly. The descent through the narrow corridor down towards the sea made me feel as if I were going into nothingness, and that there was no return once one had gone down the steps. Certainly the glass wall stops one from plunging into the sea, but there nevertheless remains the impression of something irrevocable. In this shaft I could feel something of the sense of absolute abandonment which must have overwhelmed Benjamin at Portbou. Strangely, I constantly imagined him as an old man, exhausted by all he had suffered, who could no longer struggle against his fate. It was almost surprising to recollect that when Benjamin died he was not that much older than I was.

In my opinion, with his work of art Dani Karavan has made possible an almost personal encounter with Benjamin. However, this place stands for very much more: remembrance of all those nameless people who were not fortunate enough to survive. I was thus very happy about the loving and natural response of the people of Portbou to

Gedenken Benjamins und der anderen Emigranten annehmen und mit welch innerer Teilnahme sie auf dieses Kunstwerk reagieren.

Diese warme Atmosphäre hat mir während meines Besuchs einen merkwürdigen Kontrast bewußt gemacht zwischen den erschütternden Erinnerungen, die durch den Korridor wachgerufen werden auf der einen, und der so natürlichen Fröhlichkeit und Freude der Menschen dort auf der anderen Seite. Man konnte die Lust an der Sache richtig spüren, die die Einheimischen hatten, und auch ihren Stolz auf den Gedenkort.

Und da ist ja dann auch dieser wunderschöne Friedhof, gewissermaßen ein Gegenbild zu dem beengenden Korridor. Hier hat man das Gefühl, daß am Ende, wenn das Entsetzliche vorüber ist, eben doch die Freiheit kommt und die Erlösung. Hier denkt man nicht mehr an Tod oder Selbstmord, sondern an das, was danach ist. Ob Benjamin, hätte er überlebt, jemals sein Grab an einem solch schönen Ort gefunden hätte, bei einer Bevölkerung, die ihn verehrt und ihm immer wieder frische Blumen schenkt? Für mich ist das ganz außergewöhnlich, geradezu beglückend. Ich glaube auch, daß nicht nur das Kunstwerk Dani Karavans die vielen Menschen zum Besuche lädt, sondern die Stätte selbst in ihrer historischen Bedeutung und ihrer Verbundenheit mit Benjamin. Das Kunstwerk also als ein Symbol zugleich für etwas Anderes, das die Menschen ergreift und das, wie ich es miterleben konnte, weit über das rein Künstlerische hinausgeht.

Helga Prinzessin zu Löwenstein-Wertheim-Freudenberg, Emigrantin, gemeinsam mit ihrem Mann Hubertus Prinz zu Löwenstein, der 1936 in den USA die „Deutsche Akademie der Künste und Wissenschaften im Exil" gründete, im Widerstand gegen die Nazis.

empfinden, das Benjamin in Portbou befallen haben muß
solute abandonment which must have overwhelmed Benjamin at Portbou

the memory of Benjamin and other emigrants, and about their inner involvement in this creation.

This human warmth drew my attention to a remarkable contrast: on the one hand the distressing memories awoken by the corridor, and on the other the natural cheerfulness of the people of Portbou. One could really feel the locals' pleasure and their pride in the place of commemoration.

Then there is also the beautiful cemetery, to some extent a counterpole to the constricting corridor. Here one has the feeling that, when the horrors are past, freedom and redemption really will arrive. Here one no longer thinks of death or suicide, but rather of what follows. One wonders whether Benjamin – if he had survived – would ever have been buried in such a beautiful place among people who revere him and constantly bring fresh flowers. For me that is something very special, a source of great happiness. I also believe that it is not only Dani Karavan's creation which attracts many people, but also the place itself with its historical importance and the links with Benjamin.

The work of art thus symbolizes something else that moves people, extending – as my experience showed – far beyond the purely artistic.

Helga Prinzessin zu Löwenstein-Wertheim-Freudenberg, emigrant and opponent of National Socialism alongside her husband Hubertus Prinz zu Löwenstein, who in 1936 established the "German Academy of Art and Science in Exile"

Portbou ist ja ein ganz besonderer Ort, mit seiner dramatischen Landschaft, den steilen, bis zum Meer reichenden Ausläufern der Pyrenäen, und heute nun mit dem ergreifenden Denkmal für Walter Benjamin. Der Abstieg durch den schmalen Korridor, hinunter fast bis zu den schäumenden Wellen, hat mich erschüttert in der Erinnerung an Benjamin bei seinem letzten Gang. Mein Schicksal war ja damals anders, aber auch ich hatte im Exil Augenblicke äußerster Verzweiflung – hier kam das plötzlich zurück, es war, als müßte ich mich, unerbittlich, ohne Ausweg, vorbereiten auf das Ende. In der Tat, wäre ich nicht schon 1938 nach Amerika gelangt und hätte daher 1939 in Frankreich nicht bereits das Visum gehabt für die Rückkehr, ich hätte den gleichen Weg gehen müssen wie Benjamin oder Lion Feuchtwanger, Golo Mann und viele andere. Daß all das hier in Portbou, ein halbes Jahrhundert später, so überwältigend lebendig wurde, das hat mich tief ergriffen.

Für mich ist Dani Karavans Arbeit eben nicht nur ein Kunstwerk, sondern zu allererst ein Gedächtnismal. Es war mir fast als spürte ich Walter Benjamins schicksalhafte Nähe, eine geistige Gegenwart, fast wie zu einem Gespräch. Es mag schon sein, daß Dani Karavan, wie er einmal sagte, an eine solche Wirkung ursprünglich gar nicht dachte. Aber es gibt eben Dinge, die das Schicksal lenkt, und diese Schlucht in die Tiefe hinab zum aufgewühlten Meer, in eine andere Ewigkeit gewissermaßen, die weckt an solchem Ort solche Empfindungen.

Natürlich weiß ich nicht, was andere bei der Begegnung mit diesem Mahnmal empfinden mögen; für mich ist es begreiflicherweise mitbestimmt durch meine eigene Vergangenheit als Emigrant. Da kam auch in mir die Frage hoch, was hätte ich getan an Benjamins Stelle? Ich hatte mich ja in Deutschland schon herumschlagen müssen mit SA und SS, auch noch in Österreich, da sogar mit der Waffe in der Hand. Ich weiß nicht,

Volkmar Zühlsdorff

Daß all das hier in Portbou, ein halbes Jahrhundert später,
The experience of all that overwhelmingly coming

Portbou is a very special place with its dramatic landscape, the steep foothills of the Pyrenees extending to the sea, and now the moving memorial to Walter Benjamin. The descent through the narrow corridor almost down to the foaming waves was a disturbing experience, provoking memories of Benjamin's final days. My fate at that time was different, but I too experienced moments of extreme desperation in exile. Here that suddenly came back. It was as if, inexorably, I had to prepare myself for the end without any way out. In fact if I had not got to America in 1938, and thus in the France of 1939 already possessed a visa for my return, I would have had to have gone the same way as Benjamin or Lion Feuchtwanger, Golo Mann and many others. The experience of all that overwhelmingly coming to life again here at Portbou, half a century later, deeply moved me.

For me Dani Karavan's work is not just a work of art; it is above all a place of commemoration. It was as if I virtually sensed Walter Benjamin's fateful closeness, a spiritual presence, almost as if for a conversation. It may well be that Dani Karavan – as he once said – did not originally intend such an impact. But there are things which are directed by destiny, and this ravine leading downwards to the turbulent sea, as if to another eternity, awakens such feelings in such a place.

Of course I do not know what other people feel when encountering this memorial. For me that is understandably influenced by my own past as an emigrant. I was also confronted with the question of what I would have done in Benjamin's place. Indeed I had already clashed with the SA and the SS in Germany, and later in Austria too, even taking up arms. I do not know whether in my indignation and rage over fascist riff-raff I wouldn't

ob ich mich in meiner Empörung und meinem Zorn über das braune Gesindel nicht sogar noch in der Ausweglosigkeit von Portbou lieber hätte totschlagen lassen – aber wer kann da die Hand für sich ins Feuer legen. Benjamin war ja ein anderer Mensch, mit der Weisheit, trotz seiner damals kaum 48 Jahre, einer alten Seele. Ganz gleich aber, wie man sich wehrte, oder ob man es tat – da war das Gefühl einer übermächtigen Schicksalhaftigkeit, die in der Vernichtung enden konnte.

Mit Freude und Genugtuung erfüllt es einen in Portbou, wie sehr auch die einfachen Dorfbewohner sich für die Erinnerung an diesen Fremdling, der ja nur einen einzigen Tag seines Lebens bei ihnen war, und für das deutsche Exil engagieren – nicht zuletzt vielleicht auch, weil sie, das katalanische Volk, sich gegen eine faschistische Diktatur zur Wehr setzten, und das im bewaffneten Aufstand. Dies und der unablässige Strom der Besucher läßt einen verspüren, und das ist beglückend, daß Benjamins Wirken, von seinem literarischen Werk ganz abgesehen, mit seinem frühen Tode nicht zu Ende war. So ist diese Gedenkstätte in ihren dramatischen und auch versöhnlichen Dimensionen eben mehr als ein Kunstwerk – eine geistige Aura nämlich, verdichtet aus der Gegenwart Walter Benjamins, durch die Menschen, die dieses Werk schufen und durch all jene, die da kommen und das Geschehene in seiner Bedeutung nachempfinden und nahezu miterleben. Wie ein Denkmal aus der Antike nicht nur behauener Stein ist, sondern ein Zeugnis einer einst lebendigen Kultur, so ist diese Stätte in Portbou lebendige Gegenwart gewordenes Schicksal.

Dr. Volkmar Zühlsdorff, Emigrant, gemeinsam mit Hubertus Prinz zu Löwenstein im Widerstand gegen den Nationalsozialismus; Geschäftsführer der „Deutschen Akademie der Künste und Wissenschaften im Exil"

so überwältigend lebendig wurde, das hat mich tief ergriffen
to life again here at Portbou, half a century later, deeply moved me

have preferred to be killed in the hopeless situation at Portbou – but who can vouch for that? After all Benjamin was a different person with the wisdom – despite being only just 48 – of an old soul. But no matter how one defended oneself, or whether one did, there was the feeling of an overwhelming fatefulness which could end in extermination.

One is filled with joy and satisfaction at Portbou to see how committed even the simple village-dwellers are to the memory of this stranger who spent only a single day of his life here, and how interested they are in German exile – not least perhaps because they, the Catalan people, also engaged in armed resistance against a fascist dictatorship. That and the unceasing stream of visitors makes one become happily aware that Benjamin's impact – leaving aside his literary works – did not end with his early death. This place of commemoration with its dramatic and reconciliatory dimensions is thus more than a work of art. Distilled from the presence of Walter Benjamin it possesses a spiritual aura, emanating from the people who created this work and from all those who come here, relating to the significance of what happened and almost experiencing it. Just as a monument from antiquity is not just hewn stone but also testifies to a once vital culture, so too this place in Portbou is destiny which has become a living presence.

Dr. Volkmar Zühlsdorff, emigrant, who together with Hubertus Prinz zu Löwenstein resisted National Socialism and acted as executive director of the "German Academy of Art an Science in Exile"

Walter Benjamin *Gesammelte Schriften V, S. 216*

Man gedenkt die Kunst von den Formen aus zu erneuern. Sind aber Formen nicht das eigentliche Geheimnis der Natur, die sich vorbehält, gerade mit ihnen die richtige, die sachliche, die logische Lösung eines rein sachlich gestellten Problems zu belohnen.

People try to renew art by way of forms – but are not forms the real secret of nature, which reserves for itself the capacity to reward through those very forms the correct, objective, logical solution of a problem that has been posed purely objectively.

I. Walter Benjamin und Portbou

Die Tatsache, daß der berühmte deutsche Philosoph und Kritiker Walter Benjamin auf dem Friedhof von Portbou begraben liegt und nicht nur eines der zahllosen 'namenlosen' Opfer des Krieges, hat im Bewußtsein der Dorfbevölkerung erst ganz allmählich Konturen angenommen und im Zuge eines Prozesses langsamer Annäherung nicht verhindern können, daß sich die letzten Spuren dieses großen Europäers gerade hier endgültig verwischen. Zwar hatte Max Horkheimer bereits im Oktober 1940, knapp vier Wochen nach Benjamins Tod, die örtlichen Behörden um Aufklärung der näheren Todesumstände des Deutschen gebeten und dessen Identität damit implizit deutlich aufscheinen lassen, zwar hatte auch Hannah Arendt noch im Oktober des Todesjahres Portbou besucht und dem verstorbenen Freund ihre Reverenz erweisen wollen – doch schon zu dieser Zeit erhielten die Fragenden keine sie befriedigenden Antworten. Horkheimer erfuhr von dem Herztod des Sr. Walter und den „algunos pocos papeles", die er bei sich getragen habe, Hannah Arendt suchte das Grab des Freundes vergeblich. An Gershom Scholem schrieb sie enttäuscht: „Es war nicht zu finden, nirgends stand sein Name." Intensiveres Nachforschen verhinderte der Krieg.

Von Annäherung zu Nähe. Hommage an Walter Benjamin in Portbou

Ingrid Scheurmann

PASSAGEN
PASSAGES

Coming Closer. Homage to Walter Benjamin at Portbou

I. Walter Benjamin and Portbou

The fact that it was not just one of the innumerable 'nameless' victims of war but Walter Benjamin, the celebrated German philosopher and critic, who is buried in Portbou's cemetery, only gradually began to mean something for the people of this little town. That slow process was unable to prevent the last traces of this great European from vanishing in this place for evermore. In October 1940, barely four weeks after Benjamin's death, Max Horkheimer asked the local authorities for more information about the circumstances of the German's death, implicitly revealing his identity, and Hannah Arendt too visited Portbou in the same month, wanting to pay reverence to her deceased friend – but even at that time no one received satisfactory answers to such questions. Horkheimer learned about Sr. Walter's death from a heart attack and about the *algunos pocos papeles* he had with him. Hannah Arendt sought her friend's grave in vain. Disappointed, she wrote to Gershom Scholem: "It was not to be found anywhere; his name stood nowhere". More intensive research was prevented by the war.

Dabei hatte der Tod des fremden Reisenden im September 1940 in der kleinen Küstenstadt durchaus für Aufsehen gesorgt, dieses schicksalhafte Verweilen eines Menschen auf der Flucht – an einem Ort, den alle anderen auf der Suche nach Rettung vor Verfolgung und Terror so schnell wie möglich zu passieren suchten. Daß der fremde Deutsche hier ums Leben kam, daran erinnern sich heute noch einige der Alten, und manche Legende hat sich unauflöslich mit ihrer Erinnerung verwoben. Auch in den Jahren nach 1940 kam das Gespräch zwischen den Freunden Benjamins und denen, die seinen letzten Weg kreuzten, nicht zustande, und so reiften langsam Bilder von dessen Tod und Sterben heran, Bilder mit legendenhaften Zügen. Für die einen wurde Benjamin durch seinen frei gewählten Tod zum Inbegriff des Aufstehens gegen den Nazi-Terror, für die Einheimischen blieb er über lange Zeit das zwar namentlich bekannte, dennoch aber 'namenlose' Opfer der Gewaltherrschaft, das sich schicksalhaft ihrem Ort verbunden hat.

Dichtung und Wahrheit waren dabei zuweilen kaum noch voneinander zu scheiden. Diese Uneindeutigkeit zwischen Mythos und Geschichte vermittelt eine Ahnung von dem Prozeß aktiver und fast selbstverständlich anmutender Integration des Deutschen in das kollektive Gedächtnis der Gemeinde. Dabei ist Benjamin in den Augen der Dorfbewohner zunächst der tragisch geendete Flüchtling – ob freiwillig in den Tod gegangen, eines natürlichen Todes gestorben oder ermordet von ortsansässigen Nazi-Schergen, darüber kann man sich mit Einzelnen auch heute noch heftig streiten. Der vorsichtigen Unbestimmtheit des Forschenden tritt dann stets eine klar prononcierte Meinung entgegen, gerechtfertigt aus der Haltung heraus, das Schicksal Benjamins an dem letztlich entscheidenden Punkt gekreuzt zu haben und deshalb mit Recht mehr Wahrhaftigkeit für die eigene Auffassung beanspruchen zu können als 'Außenstehende'.

And yet the death of this foreign traveller at the little coastal town in September 1940 had attracted attention – a refugee's fateful delay in a place where all others seeking safety from pursuit and terror sought to pass through as quickly as possible. The fact that this unknown German died here is remembered even today by some old people and a number of legends are inextricably linked with such memories. Even in the years after 1940 there was no contact between Benjamin's friends and people who had encountered him towards his end, so myths about his death gradually began to flourish. For some Benjamin became through his freely-chosen death the epitome of resistance to Nazi terror. For the locals he long remained the 'nameless' victim of tyranny (whose name was nevertheless known), linked to Portbou by destiny.

Fiction and fact were sometimes difficult to disentangle. The discrepancy between myth and history mediates some idea of the process of active and seemingly almost self-evident integration of this German into the community's collective memory. In the eyes of the townspeople Benjamin is primarily the refugee who came to a tragic end – but even today individuals still argue about whether he committed suicide, died a natural death, or was murdered by local Nazi thugs. The researcher's cautious uncertainty is then countered by a clearcut opinion, justified in terms of having crossed Benjamin's path in this final decisive moment, thereby justly claiming more truth for a personal view than 'outsiders' can.

The identity of the foreign traveller whom this cruel epoch washed up on the shore of a town hardtested in the Spanish Civil War long remained unknown in Portbou.

In Portbou war lange Zeit nicht bekannt, wer der ausländische Reisende eigentlich war, den diese grausame Epoche an die Ufer der im Spanischen Bürgerkrieg so hart geprüften Stadt gespült hatte. Senor Walter – so Vertrautheit suggerierende Auskünfte – sei ordentlich begraben und sein Aufenthalt aktenkundig gemacht worden. Erst die zahlreichen Benjamin-Forscher und vor allem seine vielen Anhänger, die seit den 70er Jahren die Identität des Flüchtlings aufdeckten, haben vor Ort ein Bewußtsein dafür geweckt, daß durch Benjamins Tod Portbou

auch nach dem Versiegen der Flüchtlingsströme identifiziert bleiben wird mit dem europäischen Exil und seinen hervorragenden geistigen Vertretern. Bei aller Hochachtung blieb Walter Benjamin dennoch auch weiterhin der vertraute Fremde, Senor Walter eben, ein politisches Opfer, der das Sterben der eigenen Freiheitskämpfer in Erinnerung ruft und an die besseren Traditionen des europäischen Humanismus zu erinnern vermag – ein Freund eben, der neben den ihren auf dem schönen Friedhof hoch über der Mittelmeerküste seinen Platz gefunden

hat. Respekt und Nähe haben ihren Ausdruck gefunden in der schlichten Erinnerungstafel am Friedhofseingang, einer der ersten kulturpolitischen Maßnahmen der Gemeinde nach der Beendigung der Franco-Herrschaft.

In dieser dem Ort eigenen Selbstverständlichkeit und Freundlichkeit hat Portbou seither jeden Reisenden auf der Suche nach Walter Benjamin empfangen, ihm die wenigen authentischen Stätten von dessen schicksalhaftem Aufenthalt im September 1940 gezeigt, ihm die näheren Umstände des Sterbens erläu-

PASSAGEN
PASSAGES

People tell you – as if they knew – that Senor Walter was properly buried and his stay in the town officially recorded. However, only the many scholars researching Benjamin, and to an even greater extent his many adherents, who in the seventies uncovered the refugee's identity, have awakened the awareness that Benjamin's death in Portbou ensures that this place will remain identified with European exile and the leading intellectuals involved, even after the flow of

refugees has stopped. For all that great respect Walter Benjamin continued to be the familiar foreigner, Senor Walter: a political victim recalling the death of local freedom fighters and the better traditions of European humanism, a friend who found his place alongside locals in the beautiful cemetery high above the Mediterranean coast. Respect and closeness found expression in the simple memorial plaque at the cemetery entrance, one of the first cultural measures implemented by

the community after Franco's rule came to an end.

Since then Portbou has received the traveller in search of Walter Benjamin with its customary friendliness, showing him or her the few authentic sites of the philosopher's fateful stay here in September 1940, explaining the circumstances surrounding the death, and sometimes also pointing out a grave, which may have provided the Benjamin-lover with a feeling of having come closer.

tert und von Fall zu Fall auch einmal eine Grabstelle präsentiert, die dem Benjamin-Freund ein Gefühl erreichter Annäherung vermittelt haben mag.

Die Diskussion über einen Erinnerungs- oder Gedenkort für Walter Benjamin hat lange Jahre in Anspruch genommen und der beherzten Initiative vieler bedurft, bevor die Realisierung schließlich 1994 gelang. Dieses Projekt hat in seinem Verlauf wieder zahlreiche Ausländer nach Portbou gebracht, keine Touristen jedoch, die an Sommertagen zu Hunderten den hübschen Küstenort besuchen, sich ein Mittagessen mit Meeresfrüchten und kühlem Wein sowie einen Bummel an der Strandpromenade gönnen, um danach genauso rasch wieder zu entschwinden, wie sie am Vormittag gekommen sind. Aus anderen Gründen vielmehr suchten Ausländer Portbou in den letzten Jahren vermehrt auf – Fremde aus den verschiedenen europäischen und außereuropäischen Ländern, einander verbunden in dem Wunsch, hier eine Stätte der Begegnung mit Walter Benjamin und dem europäischen Exil zu schaffen und Portbou als einen Ort kultureller Grenzüberschreitung zu akzentuieren.

Kaum merklich zunächst hat sich das Dorf in diesen Jahren gemeinsamen Ringens für die Umsetzung einer Vision gewandelt. Durch gravierende politische Veränderungen, kulminierend im Wegfall von Grenze und Zollstation, ist Portbou eines Teils seiner traditionellen Identität verlustig gegangen, eine Entwicklung, über die auch Modernisierungen und vereinzelte Korrekturen im Stadtbild nicht hinwegtäuschen können. Allmählich hat sich daneben aber auch ein neuer, zukunftsweisender Geist angekündigt,

Years were taken up with discussion of a memorial to Walter Benjamin, and many a brave initiative was necessary before the project was finally implemented in 1994. This process brought many foreigners to Portbou – but not as tourists, hundreds of whom visit this pretty little place during the summer, enjoying a midday meal of seafood and cool wine, strolling along the beach promenade, and then vanishing again as quickly as they came. Increasing numbers of foreigners have sought out Portbou in recent years for different reasons – people from Europe and further afield, linked by the wish to establish a place of encounter with Walter Benjamin and European exile, and to draw attention to Portbou as an area where cultural borders are crossed.

The little town was transformed, at first almost imperceptibly, during those years of shared struggle on behalf of implementation of a vision. Important political changes culminated in abolition of frontier and customs controls, Portbou has lost part of its traditional identity, a development confirmed by modernization and individual changes to the town's appearance. A new, future-directed spirit has gradually proclaimed itself, initially in international discourse sparked off by basic solidarity with the victims of political persecution. For some years now a mishmash of English, French, Catalan, Spanish, German, and Hebrew has been part of Portbou's unmistakeable atmosphere,

Laut gebend zunächst in einem übernationalen Diskurs, der seinen Ausgang in einer ganz elementaren Solidarität mit den Opfern politischer Verfolgung genommen hat. Ein Sprachgewirr aus Englisch, Französisch, Katalanisch, Spanisch, Deutsch und Hebräisch gehört seit einigen Jahren ebenso zu der unverwechselbaren Atmosphäre von Portbou wie das Pfeifen der Eisenbahnen, die Kraft des Tramontana, die Geschäftigkeit auf der Rambla, die freundliche Zuwendung der Bewohner.

Vielleicht hat das Zwiegespräch zwischen den Benjamin-Freunden und Portbou jetzt endlich begonnen. Kreatives Streiten um eine adäquate Annäherung an sein Schicksal prägt den noch jungen Diskurs nun ebenso wie die bereitwillige Offenheit der Menschen vor Ort für die Ideen eines Künstlers vom entgegengesetzten Ufer des Mittelmeeres.

Verhaltene Sympathie trat dem Künstler zunächst entgegen, in der deutlichen Erwartung eines schnellen Entwurfs, in dem spontanen Wunsch auch, ein Abbild Benjamins zu erhalten, sozusagen eine bildliche Vergegenwärtigung desjenigen, um den sich der Schleier der Geschichte und ein schicksalhaft anmutendes Auslöschen von Spuren ranken.

Der Künstler wiederum hatte sich nicht auf die Suche nach einer abbildhaften Annäherung begeben, er wollte vielmehr den richtigen Ort finden für sein Zwiegespräch mit der Natur, einen Platz, an dem die künstlerische Form die kraftvolle Sprache der Natur verstärken, pointieren und neu interpretieren kann – einen Ort der Hommage an Walter Benjamin, der den geheimnisvollen Schleier um dessen Schicksal nicht lüftet und dennoch eine tiefempfundene Nähe ermöglicht.

just like the whistling of passing trains, the power of the Tramontana, the hustle and bustle of the Rambla, and the friendliness of the locals.

Perhaps a dialogue between Benjamin-lovers and Portbou has at long last got under way. This recently established discourse is characterized by creative disputation over how to deal with his destiny appropriately and by the local population's openness towards the ideas of an artist from the other side of the Mediterranean.

To begin with, the artist experienced muted sympathy, expressed in a clear-cut expectation of rapid progress and the spontaneous wish for representational depiction of Benjamin, so-to-speak a visual recollection interwoven with the veil of history and a fateful elimination of traces. For his part the artist did not set out in search of a representational approach. Instead he wanted to find the right place for his dialogue with nature, a place where artistic form can strengthen, intensify, and reinterpret the powerful language of nature – a place of homage to Walter Benjamin, which does not dispel the mysterious veil shrouding his fate yet makes possible a deeply-felt closeness.

II. Dani Karavan und Walter Benjamin und Portbou

Dani Karavan, der Vielgereiste, kam im Oktober 1989 zum ersten Mal nach Portbou. Vorausgegangen war eine kurze Verständigung mit Konrad Scheurmann, der die Projektleitung im Auftrag des Auswärtigen Amtes übernommen hatte. So selbstverständlich wie für den einen die Wahl auf den Künstler aus Tel Aviv gefallen war, so prompt ließ sich der andere auf einen Auftrag ein, dessen Attraktivität ausschließlich aus der Sache, nicht jedoch aus einem in Aussicht stehenden Honorar zu begründen war. Ebenso selbstverständlich reagierte dann die katalanische Gemeinde – sie akzeptierte nicht nur das von deutscher Seite an sie herangetragene Projekt, sie akzeptierte widerspruchslos auch den Künstler und offerierte ihm völlige Freiheit in der Wahl des Ortes und der Mittel für sein Werk.

Mit dem ihm eigenen faszinierenden Gespür für den richtigen Ort und nach einer für Außenstehende fast unbemerkt stattfindenden intensiven Auseinandersetzung mit der Natur hat Dani Karavan bereits bei seinem zweiten Besuch im Dezember desselben Jahres den Platz für sein Kunstwerk gefunden und in ausdrucksstarker Gestik einen ersten Entwurf seines zukünftigen Werkes in die Luft geschrieben. Akzentuieren wollte er das, was ihn von Beginn an in Bann gezogen hatte und worin er eine natürliche Metapher für Benjamins Schicksal zu erblicken vermochte: das „phenomenon of the water" – einen Meeresstrudel, der die vorgelagerten Felsen der bizarren Costa Brava-Küste mal sanft umspielt, mal heftig peitscht und der zuweilen auch drohend aufschießt, um dann mit einem alles verschlingenden Tosen zu

II. Dani Karavan, Walter Benjamin, and Portbou

The much-travelled Dani Karavan came to Portbou for the first time in October 1989. That visit was preceded by rapid agreement with Konrad Scheurmann, who had been charged by the German Foreign Office with supervision of the project. For the one the choice of the artist from Tel Aviv was self-evident, and the other quickly accepted a commission whose attractiveness was founded on what was involved rather than any immediate likelihood of a fee. The Catalan community was equally responsive, accepting both the German project and the artist, offering the latter complete freedom in his choice of site and the means employed in his work.

With his fascinating sense of the right place and an intensive attunement to nature, almost imperceptible for outsiders, Dani Karavan found a location for his project during a second visit in December of the same year. Gesticulating expressively, he sketched in the sky an initial plan for his future work. He wanted to accentuate what had attracted him from the start as a natural metaphor for Benjamin's fate: the "phenomenon of the water" – a swirling sea that sometimes gently played around offshore rocks along the extraordinary Costa Brava, sometimes lashed out, and sometimes leaped threateningly against the shore, only to sink thunderously back again, engulfing everything. Making this game of nature visible to visitors, accentu-

versinken. Dieses Spiel der Natur für den Blick der Besucher sichtbar zu machen, dessen Dramatik hervorzuheben und ein mentales Eintauchen zu ermöglichen – das sollte Dani Karavans Gedenkort für Walter Benjamin sein – von Beginn an.

Im Oktober 1940 hatte die durchreisende Hannah Arendt den Ort beschrieben, der fast fünfzig Jahre später auch Dani Karavan verzauberte: „Der Friedhof geht auf eine kleine Bucht, direkt am Mittelmeer", so berichtete sie Gershom Scholem nach Israel, „er ist in Terrassen in Stein gehauen; in solche Steinwälle werden auch die Särge geschoben. Es ist bei weitem eine der phantastischsten und schönsten Stellen, die ich je in meinem Leben gesehen."

Dieser Friedhof, außerhalb des Ortes hoch über der Küste angelegt, ist ein natürlicher Anziehungspunkt, an dem sich jeder, der die schmalen Gassen von Portbou suchend durchstreift, irgendwann einfindet. Von dem großzügigen Vorplatz aus hatte Dani Karavan aus dem stürmischen Winter-Meer das strudelnde Phänomen mit seinen Händen herausgeschnitten. Von hier aus erschlossen sich ihm auch die weiteren Elemente, die sich später zu seinem „Passagen" benannten Environment verdichten sollten: der kleine verkrüppelte Olivenbaum, der in seinem steten Kampf gegen den starken Küstenwind Schutz an der Friedhofsmauer sucht, und der stille Platz hinter dem Friedhof, der den Blick auf die französisch-spanische Grenze öffnet, um – einem Memento Mori gleich – die Hoffnung auf Freiheit durch einen Maschendrahtzaun auf der Friedhofsmauer gleich wieder zu brechen. Für den Künstler war Benjamins Schicksal aus

ating the drama and enabling mental immersion – that was intended as Dani Karavan's memorial place for Walter Benjamin right from the very beginning.

In October 1940, Hannah Arendt, then passing through, described the place that 50 years later also fascinated Dani Karavan: "The cemetery looks out over a small bay, directly on the Mediterranean" she wrote to Gershom Scholem in Israel. "Its terraces are hewn out of stone, and coffins are also put in these stone walls. This is one of the most fantastic and most beautiful places I have ever seen".

This cemetery, established outside the town and high above the coast, is a natural point of attraction to which anyone wandering through the narrow streets of Portbou ultimately finds his or her way. Looking from the extensive forecourt, Dani Karavan had stretched out his hands to circumscribe the phenomenon of turbulence amid a stormy winter sea. From here he also discovered the other elements that were later to come together in his "Passages" environment: the little crippled olive tree, seeking support from the cemetery wall in its constant struggle against the powerful coastal wind, and the tranquil place behind the cemetery opening up a view of the Franco-Spanish border only to once again break hope of freedom with the wire-netting fence on the cemetery wall like some Memento Mori. For the artist Benjamin's fate could be

der elementaren Zeichensprache der natürlichen landschaftlichen Begebenheiten ablesbar. Seine Aufgabe definierte er als die des Sichtbarmachens.

So arbeitete Dani Karavan zunächst in der Landschaft an seinem Werk. Er schritt die Wege in rascher, konzentrierter Aufmerksamkeit ab, prüfte zwischen seinen aufgerichteten Händen Ausschnitte und Perspektiven, registrierte die natürliche Flora, den Wind und den Sonnenstand und erläuterte seinen erstaunten Begleitern beim wiederholten Gang um den Friedhof die Elemente seines zukünftigen Werks und ihre Verknüpfung mit Walter Benjamins Schicksal.

So mancher konnte alles dies noch nicht sehen und fragte sich, mit welcher Sicherheit der Künstler Passagen schaffen wollte, ohne doch das gleichnamige Fragment gebliebene Hauptwerk Benjamins je intensiv studiert zu haben. Man vermutete Illustration und fehlende Tiefe und wollte dem Künstler gar als Bedingung für die adäquate Formfindung die Lektüre des Gesamtwerks anempfehlen. Dabei ignorierte der Skeptiker, was Karavan in Erinnerung an seine frühe Benjamin-Lektüre so überzeugend darzulegen vermochte – für ihn sei es nicht schwer, etwas für diesen Denker zu schaffen, als Teil der eigenen Kultur geselle sich zu dem Verstehen der Texte eine elementare Nähe zu Benjamins geistigem Gedankengut.

Karavans „Passagen" wollten nie illustrieren – das zu behaupten, fällt nur dem ein, der die spontane, sichere Formfindung des Künstlers nicht miterlebt hat. Der Gedenkort sollte vielmehr eine existentielle Begegnung und Erfahrung ermöglichen, Empfindungen aufschließen,

read in the elemental symbolic language of features in the natural landscape. He defined his task as one of making visible.

Dani Karavan thus first worked on his concept in the landscape. He rapidly paced paths with concentrated attention; he tested cross-sections and perspectives between his extended hands; he registered the natural flora, the wind, and the state of the sun; and walking around the cemetery again and again he explained to his astonished companions the elements in the work-to-be and their connection with Walter Benjamin's fate.

At this stage some people were unable to see that, and asked themselves how the artist wanted to create "Passages" with such certainty without having ever extensively studied Benjamin's masterpiece of that name, which had remained a fragment. They assumed mere illustration and lack of profundity, and even wanted to recommend that the artist should read the oeuvre as precondition for finding an adequate form. The sceptic thereby ignored what Karavan, remembering his early reading of Benjamin, was able to demonstrate so convincingly. Karavan said that for him it was not difficult to create something for this thinker. Elemental closeness to Benjamin's intellectual heritage, part of his own culture, was related to the understanding of his texts. Karavan's "Passages" was never intended as an illustration. Only someone who

die eine tiefe Hinwendung zu sich selbst und zum anderen erlebbar machen. Erinnern und Gedenken deutet der Künstler in ihrer Vergangenheit, Gegenwart und Zukunft zusammenschließenden Dimension als eine zutiefst humane Aufgabe – auch dies keine simple Illustration Benjaminscher Geschichtsphilophie.

Die klare Vision des Künstlers hat ihre erste Überprüfung im Sommer 1990 erfahren, als Karavan mit Hilfe von Flatterband die einzelnen „Passagen" in ihrer Dimension und exakten Ausrichtung in der Landschaft eingemessen und den Projektmitarbeitern eine erste greifbare Hilfestellung an die Hand gegeben hat. Drei „Passagen" waren im Umfeld des Friedhofs im Entstehen, die dem empfindsamen Erkunder einen Gefühlstaumel zwischen hoffnungsloser Einsamkeit in dem den Meeresstrudel fokussierenden Korridor, friedvoller Versöhnung beim Anblick des das Überleben meisternden Olivenbaums und meditative Gefaßtheit in der nur scheinbaren Entrücktheit des Ruheplatzes hinter den Friedhofsmauern offerieren würden – elementare Erfahrungen, die eine Annäherung an das Schicksal des ewigen Flüchtlings ermöglichen und dabei eine spirituelle Begegnung mit Walter Benjamin für denjenigen nicht ausschließen sollte, der um dessen Emigrantendasein weiß.

Während die einen das Abbild Benjamins als unverzichtbares Element des Gedenkens in diesem Entwurf noch vermißten, die anderen präzise Pläne, Maße und Kostenschätzungen für den Auftraggeber einforderten, reifte in Karavans Kopf ein Werk heran, das nur widerstrebend Ausdruck fand in wenigen schnell schraffierten Skizzen und in einem ersten Modell, das zur Verblüffung aller zwar in großer Genauigkeit die landschaftliche Situation um dem Friedhof von Portbou wiedergab, jedoch auf jede Darstellung des Kunstwerks selbst verzichten wollte – und das zu einem Zeitpunkt, als in Portbou die erste öffentliche Präsentation des künstlerischen Entwurfs angekündigt war. Die unmittelbar vor der Eröffnung seiner Ausstellung noch in Plastiline geformten „Passagen" stellten ein Zugeständnis an die Mitarbeiter dar, dem Künstler selbst reichte dagegen das immer wieder erneuerte, intensive Gespräch über seine Idee und deren präzise Ausformulierung im Kopf.

Aus weißem Beton wollte er 1990 seine Zeichen in die rauhe Landschaft einschreiben, von weitem sichtbar in dem eisenfarbenen Sedimentgestein der Küste. Selbst über eine formale Verbin-

did not experience the artist's spontaneous and sure discovery of form could maintain that. This commemorative place was intended to make possible existential encounter and experience, opening up feelings which result in a profound turning towards oneself and towards others. The artist interprets remembrance and commemoration, in a dimension combining past, present, and future, as an intensely human task – and that too is not a simple illustration of Benjamin's philosophy of history.

The artist's clear vision was first put up for review in summer 1990 when Karavan marked out the dimensions and precise location in the landscape, providing his project staff with tangible assistance. Three "Passages" were coming into existence in the cemetery area, and were to offer the sensitive enquirer a vortex of feelings ranging between hopeless solitude in the corridor focusing on the turbulent sea, peaceful reconciliation when regarding the olive tree managing to survive, and meditative composure in the unreal reverie of the place of rest behind the cemetery walls – elemental experiences which make it possible to approach the fate of the eternal refugee without thereby excluding a spiritual encounter with Walter Benjamin for someone who knows about the writer's existence as an emigrant.

While some people still regretted the absence of any representational depiction of Benjamin as an indispensible element in such a memorial, and others demanded precise plans, measurements, and estimates of cost for the client, a creation was maturing in Karavan's head, receiving only reluctant expression in a few quickly hatched sketches and in an initial model which to everyone's surprise reproduced with great accuracy the landscape around the Portbou cemetery but did without any delineation of the work of art itself – at a time when the first public presentation of the artistic concept had been announced in Portbou. The "Passages" made out of plasticine just before the opening of this exhibition constituted a concession to the project staff. The artist himself was satisfied with an ever-renewed intensive dialogue

dung der einzelnen, jeweils schroff abbrechenden „Passagen" hat er lange nachgedacht, den steil ansteigenden Weg vom Friedhofsvorplatz zu der hinteren Mauer immer wieder abgeschritten, sich hineinvertieft in die mögliche Wirkung eines durch das Hörbarmachen der Schritte bewußten Durchwanderns der Arbeit – um dann alles zu verwerfen, sich zu reduzieren auf die Formensprache der unvermittelten einzelnen „Passagen" und dem Besucher ein gelenktes Betrachten zu verweigern. Für jeden einzelnen wollte Karavan die volle Freiheit in der Form des Erlebens seiner Kunst bewahren, ihm Zugänge anbieten, aber keinen Rundgang aufdrängen, ihm auch Erlebnismöglichkeiten aufschließen, ohne den moralischen Zeigefinger zu erheben und ohne den Versuch zu wagen, für die Schrecklichkeit der zu erinnernden

existentiellen Bedrohung Benjamins und anderer Emigranten in seiner Formensprache eine Entsprechung zu suchen. Erinnern als ein individueller, freiwilliger Erfahrungsprozeß – ohne Pathos und aufdringliche Moral, dafür wollte Dani Karavan Wege aufzeigen. Hierin deutet sich zugleich seine ganz eigenständige Stellung in der an vergleichbaren Projekten nicht gerade armen zeitgenössischen Kunst an.

Mit großer Selbstverständlichkeit hat Dani Karavan sich eine stumm machende Versenkung in eine künstlerische Ausdrucksform versagt, die neben Betroffenheit, Ergriffenheit und Schuldgefühl dem Betrachter keinen Raum belassen würde für die Symbolik des kleinen Olivenbaums und seiner Hoffnungszeichen. Erinnerungsarbeit ist für ihn auch Zukunftsgestaltung, die Ausein-

andersetzung mit Flucht, Vertreibung und Holocaust dabei Ausgangspunkt und Bedingung eines neu aufgenommenen Dialogs der gegenwärtigen Generationen. Insofern fordert Karavan den sich selbst bewußten Besucher heraus, der in freier Entscheidung sich seiner Kunst aussetzt und eine unverfälscht eigenständige Reaktion zu formulieren imstande ist.

about his idea and its precise construction in his mind.

In 1990 Karavan wanted to inscribe his signs on the raw landscape in white concrete, visible amid the coastal iron-coloured sedimentary rock from afar. He long reflected on a formal link between the single abruptly terminating "Passages", time and again paced the steep path from the cemetery forecourt to the rear wall, and immersed himself in the possible impact of a wandering through the work made conscious through the audibility of the visitor's steps – and then rejected all of that, reducing his creation to the formal language of the unmediated individual and withholding guided observation from the observer. Karavan wanted

to preserve for each individual complete freedom in the way his art is experienced, offering ways of access but not imposing a tour, opening up possibilities of experience without moralizing and venturing on an attempt at finding formal correspondences for the terrors of the existential threat faced by Benjamin and other emigrants. Dani Karavan wanted to present remembrance as an in dividual, voluntary, experiential process – without pathos and importunate point-making. That also reveals his truly independent position within contemporary art, which does not lack comparable projects.

Dani Karavan denies himself, as if this were the most natural thing in the world, disempowering immer-

sion in a form of artistic expression producing feelings of dismay, deep emotion, and guilt, which would leave no space for the symbolism of the little olive tree and its sign of hope. For him remembrance also involves shaping the future; confrontation with flight, expulsion, and holocaust is the starting-point and condition for a renewed dialogue between the generations. Karavan thus challenges the self-aware visitor, who freely exposes himself or herself to his art and is capable of expressing an unfalsified autonomous reaction.

III. Dani Karavan und Walter Benjamin

Wer erinnert sich nicht im Zusammenhang mit Walter Benjamins Biographie der Geschichte des bucklichten Männleins aus der Volksliedsammlung *Des Knaben Wunderhundert?* Benjamin selbst hat dessen Verquickung mit seinem eigenen Schicksal in der Bildersprache seiner *Berliner Kindheit um Neunzehnhundert* andeutungshaft thematisiert. Danach haben unzählige seiner Biographen, auch die ernsthaften unter ihnen, immer wieder das Hereinbrechen des Mißgeschicks in Benjamins Leben und Arbeiten erläutert und auch im Hinblick auf sein Ende interpretiert. Nur an diesem 25. September 1940, dem Tag der Neudefinition von Einreisebestimmungen, mußte Benjamin in Portbou mit der

Abschiebung rechnen; wäre er einen Tag früher gekommen, hätte er passieren dürfen, einen Tag später nur wären seine Aussichten bereits günstigere gewesen.

Ein wenig nur von diesem plötzlichen Hereinbrechen des Mißgeschicks vermeinten Dani Karavan und sein Team bei ihrem Gedenkprojekt zu Beginn der 90er Jahre noch verspürt zu haben, als sich der raschen Ideenfindung durch den Künstler, der überraschend deutlichen Übereinstimmung mit der Gemeinde und einer sich abzeichnenden Breitenwirkung des Projekts ein Berg schier unüberbrückbarer Schwierigkeiten in den Weg stellte, die erst nach Jahren intensiver Diskussion und Überzeugungsarbeit, nach Phasen völliger Perspektiv- und Hoffnungslosigkeit, die Realisierung der künstlerischen Idee erlaubten. In dieser Zeit haben die Ausstellungen *Grenzüberschreitungen*

und *Passages* einen intensiven Dialog mit breiten Schichten der Bevölkerung in Katalonien, Deutschland und den Niederlanden über Für und Wider des Gedenkortes ausgelöst, haben Unterschriftenaktionen den Künstler bestärkt und ermutigt, ist die Gruppe im Ringen um den Gedenkort für Walter Benjamin streitbar zusammengewachsen. Nach der Grundsteinlegung im September 1990 erfolgte dann drei Jahre später der die Bauphase eröffnende erste Spatenstich.

III. Dani Karavan and Walter Benjamin

Who does not remember in connection with Walter Benjamin's biography the story of the little hunchback from *Des Knaben Wunderhorn,* the famous collection of German folk poetry? Benjamin himself alluded to the link with his own destiny in the metaphors of his *Berlin Childhood around Nineteen-Hundred.* Thereafter innumerable biographers, including the serious ones, have time and again commented on the intrusion of misfortune into his life and works, also interpreting his end in those terms. Only on the 25th of September 1940, the day of revision of immigration regulations, did Benjamin

have to reckon with deportation. If he had come a day earlier, he could have got through; and a day later his chances would already have been better.

At the start of the nineties Dani Karavan and his team thought they too had experienced a little of this sudden eruption of misfortune when the artist's nimble inventiveness, the local community's surprisingly definite approval, and signs of the project's extensive impact were confronted by a mountain of seemingly insurmountable difficulties. Karavan's ideas could only be implemented after years of intensive discussion and work on convincing others, accompanied by phases of complete hopelessness and disorientation. During that period two

exhibitions, "Border-Crossings" and "Passages", sparked off intensive dialogue with the general public in Catalonia, Germany, and the Netherlands about the pros and cons of the place chosen for the memorial; collections of signatures strengthened and encouraged the artist, and the group grew closer together in struggling valiantly on behalf of the Walter Benjamin memorial. Three years after the foundation stone was laid in September 1990, construction got under way.

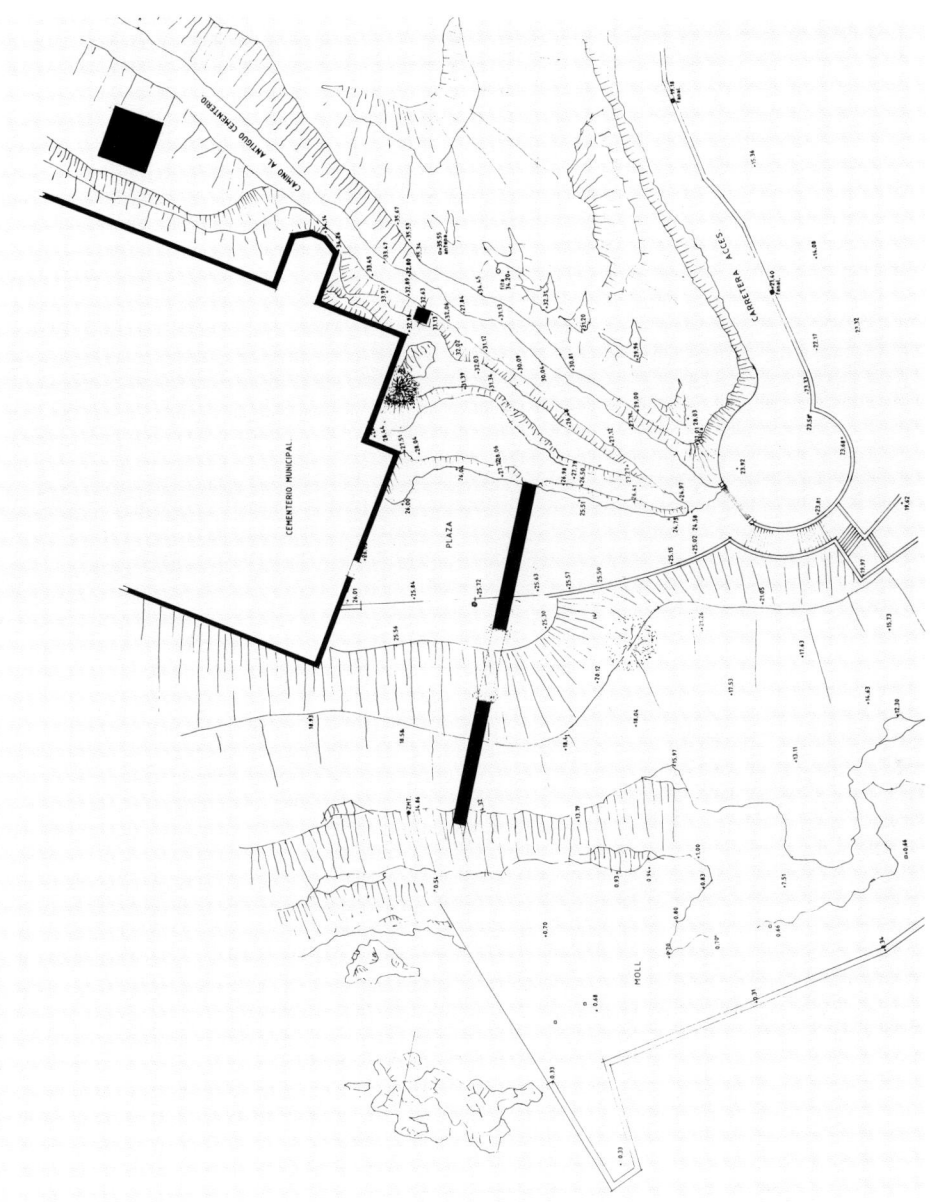

IV. Passagen in Portbou

„Schwerer ist es das Gedächtnis der Namenlosen zu ehren als das der Berühmten. Dem Gedächtnis der Namenlosen ist die historische Konstruktion geweiht."

Dieses Benjamin-Zitat aus dessen Vorarbeiten und Notizen zu den Thesen *Über den Begriff der Geschichte* hat Dani Karavan gewissermaßen als Motto über seine im Mai 1994 realisierten „Passagen" gestellt. Damit ist das Erinnern ausgeweitet auf die Emigranten der 30er und 40er Jahre, denen bislang jegliches öffentliche Gedenken verweigert wurde; damit ist aber auch die Position von Walter Benjamin selbst in dem Spannungsbogen zwischen den Berühmten und den Namenlosen angesprochen, der dessen bewegtes Schicksal wie auch seine Rezeption – nicht zuletzt in Portbou – so deutlich gekennzeichnet hat.

Benjamins Worte stellen sich dem Besucher förmlich in den Weg, sie reißen ihn in einem Moment intensivster Konzentration auf das Wellenspiel des Mittelmeeres aus seinen Gedanken, fordern ihn – gerade jetzt – zum Nachdenken heraus. In Glas geschliffen und in der deutschen Originalsprache ebenso zu lesen wie in französischer, englischer, katalanischer und spanischer Übersetzung, gebieten die Worte Benjamins dem durch den schmalen, eisernen Korridor abwärts Schreitenden gebieterisch Einhalt, verweigern sie ihm das Sichversenken in das Erzählen des Meerestrudels und machen die völlige Konzentration auf das eigene Ich unmöglich. Im Herzen von Karavans Gedenkort wird die Aufmerksamkeit des Besuchers nachhaltig auf die Opfer gelenkt. Die Worte des Philosophen flattern gleichsam vor dem „phenomenon of the water", das Dani Karavan so zu fesseln vermochte, worin er das Schicksal des Emigranten Walter Benjamin gelesen hat. Die wohlformulierte philosophische Aussage und das ungebändigte Spiel der Natur schärfen in ihrem gelenkten Ineinandergreifen die Erfahrungsdichte des Betrachtungsmoments – Gedenken wird zu einer elementaren intellektuellen wie auch zur Naturerfahrung.

Bis hierher, gewissermaßen zum Nukleus des Karavanschen Werkes, ist der Besucher 70 schmale Stufen durch den 2,35 Meter hohen eisernen Korridor herabgeschritten, der sich einem Messer gleich in den abschüssigen Berghang vor dem Friedhof einschneidet. Auf einer

IV. Passages at Portbou

"It is more arduous to honour the memory of the nameless than that of the renowned. Historical construction is devoted to the memory of the nameless".

That quotation from Benjamin's preliminary studies and notes on *Theses on the Philosophy of History* to some extent served Dani Karavan as a motto for the "Passages" opened in May 1994. Remembrance is thus extended to the emigrants of the thirties and forties who had previously been deprived of any public memory. Also alluded to is Walter Benjamin's own position within the realm between the famous and the nameless, which so clearly characterized his own turbulent fate and his reception – not least in Portbou.

Benjamin's words directly confront the visitor; in a moment of highly intensive concentration on the interplay of Mediterranean waves, they tear him away from his thoughts, challenging reflection in that very moment. Cut into the glass, presented in German and in French, English, Catalan, and Spanish translations, Benjamin's words imperiously stop anyone moving downwards through the narrow iron corridor, preventing immersion in the story told by the turbulent sea, and making impossible concentration on oneself. At the heart of Karavan's place of remembrance the visitor's attention is powerfully directed towards the victims. The philosopher's words as-it-were flutter in front of the "phenomenon of the water" which so fascinated Dani Karavan as he read the fate of emigrant Walter Benjamin in it. Through their controlled intermeshing the well-formulated philosophical statement and the untamed play of nature intensify the density of experience within this moment of contemplation. Remembrance becomes an elemental intellectual experience which also embraces nature.

Up to this point, which is so-to-speak the nucleus of Karavan's work, the visitor has walked down 70 narrow steps through the 2.35 metre-high iron corridor, which cuts like a knife into the sloping

Länge von 8 Metern im oberen Bereich durch Erdreich und Vegetation bedeckt, verbirgt diese Passage ihre kraftvolle Wirkung zunächst vor denen, die sich dem Friedhof nähern. Ausschließlich zwei aus dem Asphalt strebende schräge Metallwände mögen den Passanten irritieren. Erst unmittelbar vor dem Eingang angelangt, öffnet sich mit dem Korridor die Wucht der künstlerischen Formfindung. Die dunklen, in sanften Rot- und Brauntönen rostenden Stahlplatten, die den Blick zunächst ganz umschließen, geben die Sicht frei auf den in dem dunklen Rahmen gleißend hell erscheinenden Meeresstrudel in der Tiefe, und es bildet sich vor den Augen des Schauenden das steil aufgerichtete Rechteck, das Dani Karavan bereits im Herbst 1989 so sicher mit seinen aussagekräftigen Händen markiert hat. Der Blick auf den Strudel lockt zum Hinabschreiten, die massiven Wände, die keinerlei Halt gewähren, schrecken dagegen zunächst eher ab. Doch für die meisten ist die natürliche Bewegtheit am Meeresrand stärker als die Statik der Stahlplatten.

Im Bann des Wasserspiels geht der Weg über die in einem Winkel von 30° angelegte Treppe steil bergab. Dabei sorgen die hohl aufliegenden Stufen für einen dumpfen Nachhall des eigenen Schrittes. Ein ungemein konzentriertes Gehen verlangt Karavan seinen Besuchern ab, eine Erfahrung zudem, die allein zu machen die Dimensionen seiner Passage nahelegen.

Der erzwungene Halt im unteren Drittel des stählernen Korridors bewirkt ein Nachlassen der Anspannung und verlangt zugleich gebieterisch die Konzentration auf den Anderen, auf das Opfer,

PASSAGEN
PASSAGES

mountain-side in front of the cemetery. Covered by earth and vegetation in the upper length of eight metres, this passage at first conceals its powerful impact from those approaching the cemetery. Only two angled metal walls, emerging out of the asphalt, may provoke passers-by. Only when they are directly in front of the entrance does the power of artistic invention open up with the corridor. The dark, rusty steel plates, in tones of gentle red and brown, which first dominate attention, reveal what seems in this dark context the blazingly light turbulence of the sea far below, and before the observer's eyes there comes into being the upright rectangle which Dani Karavan so surely shaped with his expressive hands back in autumn 1989. The sight of the turbulence invites progression downwards, but the massive walls, granting no support, initially seem a deterrent. However, for most people the natural turmoil at the sea's edge is stronger than the immobility of the steel plates. Under the spell of what is happening in the water the path goes steeply downwards on steps at an angle of 30°. The hollowness of the steps produces a dull echo of one's own movement. Karavan demands of his visitors unusually concentrated walking; and the dimensions of his passage suggest that it should be experienced alone.

The enforced stop in the lower third of the steel corridor brings about a diminution of effort, but

auf die berühmten und namenlosen Emigranten – ein Moment tiefempfundener Begegnung für denjenigen, der dieses kurze Entrücktsein aus der Welt des Alltäglichen zu empfinden vermag. Umgedreht, auf dem Weg zurück zum Friedhofsvorplatz, entsendet Karavan seinen Besucher in einen Gefühlstaumel besonderer Art. Zuvor ausschließlich konzentriert auf das Wasserspiel, sieht er jetzt in dem Ausschnitt am Ende des Korridors nur Himmel – ohne Fixpunkt, ohne genaue Orientierung. Erst unmittelbar vor dem „Auftauchen" stellt sich ihm

eine aus Bruchsteinen gemauerte Wand entgegen, die der Künstler in der axialen Verlängerung des Korridors in eine den Friedhofsvorplatz umschließende Felswand eingemauert hat.

Entgegen seinen ursprünglichen Überlegungen hat Dani Karavan diese zentrale Passage, wie auch das gesamte Environment, in Cortenstahl realisiert. Die formale Nähe einer Betonskulptur zu den weiß getünchten Friedhofsmauern und den vornehmen regionalen Küstenvillen hätte die Aufmerksamkeit des Besuchers zu stark auf die vordergründigen, eher

dekorativen Qualitäten des Werkes lenken können und dabei die eigentliche Intention des Kunstwerks in seiner Fokussierung auf die Zeichensprache der Natur gestört. Die Stahlplatten mit ihrer rostigen Patina fügen sich statt dessen homogen in das eisenhaltige Sedimentgestein ein, das – abhängig von den Jahreszeiten – mehr oder weniger deutlich die erste Wahrnehmung der Küstenlandschaft prägt. Je nach Blickrichtung verbirgt sich die Skulptur zunächst vor den Blicken des zufällig Passierenden, um erst bei konzentrierter Aufmerksam-

at the same time peremptorily demands concentration on someone else, on the victim, on renowned and nameless emigrants – a moment of profoundly felt encounter for anyone who is sensitive to this briefly being carried away from the everyday world. Turned around, on the way upwards towards the cemetery forecourt, Karavan immerses the visitor in a unique frenzy of feelings. Previously exclusively focused on the water, the visitor now only sees the sky at the end of the corridor –

without any fixed point or precise orientation. Just before "emerging" he is confronted by a wall made of undressed stone, which the artist has set in the axial extension of the corridor into a rock-face surrounding the cemetery forecourt.

Contrary to his original intentions, Dani Karavan used corten steel for this central passage as well as for the rest of the environment. The formal similarities between a sculpture in concrete and the whitewashed cemetery walls and the

local coastal villas might have attracted the visitor towards superficial and more decorative qualities, thereby destroying the intention that the work of art should focus attention on the symbolism of nature. The rusty patina of the steel plates fits in homogeneously with the iron-bearing sedimentary rocks, which – no matter what the season – shape the first impression of the coastal landscape. The sculpture first conceals itself from the gaze of chance passers-by, only revealing

keit ihre ganze Kraft und Ausdrucks-
stärke zu entfalten. Die Anpassung des
Materials an die natürlichen, nicht an
die architektonischen Gegebenheiten der
Region verstärkt die innere Stringenz
und Geschlossenheit des Ensembles und
legt beim zweiten Hinschauen zugleich
den Bruch der natürlichen Harmonie
schmerzhaft offen. Die formale Entscheidung unterstreicht auf diese Weise die
grundlegende inhaltliche Zielsetzung des
Künstlers, seine Absicht, vorhandene
Phänomene sichtbar zu machen, Erfahrungen zu ermöglichen, ohne jedoch
die Rezeption seines Werkes in einer
bestimmten Weise festzulegen.

Konsequent bricht die durch den Korri-
dor geformte zentrale Passage an der
Natursteinmauer ab und überläßt den
Besucher dem Nachhall der eigenen
Gefühle und Gedanken. Kein gelenkter

Weg wird ihm angeboten, aber fast
selbstverständlich richtet der auf Ent-
spannung und Innehalten Bedachte
seine Schritte auf den steilen Pfad zur
Rückseite des Friedhofs. Von hier aus
öffnet sich ihm der Blick auf die groß-
artige Bucht von Portbou, umschlingt die
Schönheit der Natur fast tröstend den
nachdenklich Gewordenen. Derjenige,
der mit der Emigrantenliteratur vertraut
ist, wird sich hier unweigerlich erinnern
an die vielfältigen Beschreibungen des
Fluchtwegs über die Pyrenäen, der sich
seit 1940 so vielen als einzige Rettung
angeboten hat. Hin und her gerissen
zwischen der frappanten Schönheit der
Natur, dem die Sinne betörenden Duft
von Rosmarin, Salbei, Lavendel und
anderen üppig wuchernden Kräutern,
hat sich manchem der Kontrast zur realen
Gefahr und scheinbaren Ausweglosigkeit

der eigenen Lage besonders drastisch
und „widernatürlich" dargestellt. Indem
Karavan den Weg in seiner natürlichen
Struktur beläßt, sich jegliches künstlerische Eingreifen versagt, will er auch hier
Annäherung ermöglichen und Flucht-
erfahrung andeutungshaft zitieren.

Fünf Eisenstufen sind auf der Mitte
des Weges in den begrenzenden Hang
des nach wenigen Metern zum Hohlweg
mutierenden Pfades eingelassen; Stufen,
die auf dem Rücken des Berghangs
abrupt abbrechen und wiederum nur
„zeigen" wollen – den Blick richten auf
den gegen den Wind ankämpfenden,
alten und knorrigen Olivenbaum, der
sich schutzsuchend an die Friedhofsmauer lehnt, sein Leben sich erhält
durch den Kontakt mit den Toten. Als
Symbol des Überlebenswillens und der
Freiheit hat der Künstler diese kleine

its entire strength and expressive
force in response to concentrated
attention. Adaptation of the material
to the natural rather than the
architectural characteristics of the
region intensifies the ensemble's
inner stringency and unity, painfully revealing at second sight the
break with natural harmony. The
formal decision thus emphasizes
the artist's basic objective: his
intention of making existing phenomena visible and experiences possible without, however, prescribing
how his work should be interpreted.

The central passage, formed by
the corridor, logically breaks off at
the wall of natural stone, leaving
the visitor with the reverberations
of his or her own feelings and
thoughts. No guiding way is on

offer, but anyone seeking relaxation
and respite will turn, almost as a
matter of course, towards the steep
path to the rear of the cemetery.
From here the view extends over
the splendid bay of Portbou, and
the beauty of nature embraces,
almost consolingly, the visitor over-
taken by reflection. Anyone familiar
with the literature of exile will inevitably remember the many descrip-
tions of flight across the Pyrenees,
which, from 1940, was the only
way out for many people. Struck by
the beauty of nature with the sensuously captivating scents of rose-
mary, sage, lavender, and other
proliferating plants, some depicted
the contrast with the real danger
and apparent hopelessness of their
own situation particularly drastically

and "unnaturally". Karavan pre-
serves the path's natural structure,
denying himself any artistic intervention, so that here too he aims
at the possibility of an approach,
hinting at the experience of fleeing.

Five iron steps are set in the
bounding hillside half way along
this track which after a few metres
mutates into a defile, steps that
abruptly break off on the ridge and
once again only aim at "pointing
towards" – directing attention to the
gnarled old olive tree, struggling
against the wind, leaning against
the cemetery wall in search of protection, preserving its existence
through contact with the dead. The
artist has visually related this little
"Passage" to the corridor towards
the sea as a symbol of the will

Passage in eine Blickachse mit dem Korridor zum Meer gestellt und dadurch das Spannungsfeld zwischen Verzweiflung und Hoffnung, drohender Vernichtung und möglicher Rettung, das das Emigrantenschicksal wie kein anderes gekennzeichnet hat, in seinem Werk auf eindringliche Weise erfahrbar gemacht.

Durch die unvermittelt abbrechenden „Passagen", in ihrer Konzentration auf die vorgegebenen Besonderheiten der Landschaft, bauen sich Empfindungen auf, die dann ebenso abrupt umschlagen, wie die künstlerische Form sich verweigert. In dieser Ambivalenz zwischen der Einladung zum Schauen und der Verhinderung von „Ent-Spannung" entwickeln die „Passagen" ihre eigene Dynamik und lenken den Besucher wie von selbst voran auf dem unsichtbaren Rundgang durch den Gedenkort von Portbou.

Eingebettet in Buschwerk aus dichtem, hochaufschießendem Ginster hat Dani Karavan auf der Rückseite des Friedhofs eine letzte „Passage" angelegt, die eigentlich einen Platz bildet. Auf einer Plattform aus Cortenstahl erhebt sich in der Mitte ein würfelförmiger Kubus, dessen Dimensionen lediglich ein Zehntel der Grundform ausmachen. Der Platz im Schutz der kleinen Friedhofskapelle, völlig abgeschieden vom Lärm und Trubel des Küstenortes, lädt ein zum Verweilen, zum Ausruhen und Meditieren. Übermächtig auch hier wieder die Natur, die stark duftenden Pflanzen, die zwitschernden Vögel – üppiges Leben, dicht neben dem Reich der Toten, das sich untrüglich zwischen den Rastenden und seinen zum Horizont gerichteten Blick auf die Berge der gegenüberliegenden Seite der Bucht schiebt. Selbst in dieser Abgeschiedenheit liest der Künstler in der Beschaffenheit der Umgebung des Friedhofs die Geschichte Walter Benjamins, den in Portbou, einem Ziel seiner Flucht, nur scheinbar die rettende Freiheit erwartete. Unmenschliches bürokratisches Regelwerk stellte sich seinem Weiterleben brutal in den Weg. Die ersehnte Rettung entpuppte sich als Falle. Karavan hat seinen auf den ersten Blick so harmonischen und besinnlichen Platz auf der Rückseite des Friedhofs dort plaziert, wo eine niedrige Mauer mit einem Maschendrahtzaun überspannt ist, der jeden Ausblick in die Weite des Horizonts und auf die gegenüberliegende Grenze zu Frankreich filtert. Der Blick wird zurückgelenkt auf das Naheliegende – auf den ummauerten Frieden des Dorffriedhofs in seiner ambivalenten Schönheit, der

to survival and freedom, thereby impressively unfolding the conflict between desperation and hope, threatening destruction and possible salvation characterizing the fate of emigrants.

In their concentration on the existing features of the landscape the abruptly terminated "Passages" give rise to feelings which veer equally suddenly as the artistic form withholds itself. In this ambivalence between the invitation to look and prevention of "discharge" these "Passages" develop an autonomous dynamism, leading the visitor as if self-evidently towards an invisible tour around the place of remembrance at Portbou.

Dani Karavan has established a final "Passage" at the rear of the cemetery, forming an open area within dense and high gorse bushes. In the middle of a large platform of corten steel, there arises a dice-shaped cube, covering a tenth of the area. This place, under the protection of the little cemetery chapel and completely cut off from the noise and bustle of the coastal town, invites the visitor to spend some time there, resting and reflecting. Nature is again overpowering in this place with strongly scented plants and twittering birds – luxuriant life close to the realm of the dead, infallibly inserting itself between the person resting there and the gaze directed towards the horizon and the mountains on the other side of the bay. Even in this isolated spot the artist reads the story of Walter Benjamin for whom only illusionary freedom and safety were waiting in Portbou. Inhuman bureaucratic regulations brutally blocked his continued existence. Hope of safety turned out to be a trap. Karavan has situated what at first sight seems to be such a harmonious and contemplative place behind the cemetery where a low wall topped with a wire-netting fence obstructs any view to the distant horizon and the French border. Attention is directed back to what is close at hand – to the ambivalent beauty of the town cemetery's walled peace, which was unexpectedly to become Walter Benjamin's last resting-place.

From this platform the path leads further to the rear entrance of the

Walter Benjamin unverhofft zur letzten Heimstatt wurde.

Von der Plattform führt der Pfad weiter bis zum Hintereingang des ehemaligen „Cementerio Civil", der ursprünglich von dem zentralen katholischen Friedhof durch Mauern separierten Ruhestätte für Anders- oder Nichtgläubige. Heute ist ein Durchgang zum katholischen Teil geschaffen, der wiederum Benjamins Spuren wachruft. Hätte er doch als Jude auf dem kleinen bescheidenen 'Sonderfriedhof' begraben werden müssen, der nur erreichbar war durch einen (später zugemauerten) Hintereingang, auf dem steilen Weg, den Karavan in sein Ensemble wirkungsvoll einbezogen hat. Aufgrund einer Verwechslung hielt man Benjamin jedoch für einen Katholiken und gewährte ihm ein katholisches Begräbnis und für fünf Jahre eine Grabstatt in der Nische Nr. 563. Unaufdringlich und doch absichtsvoll lenken die „Passagen" den Besucher zum Hintereingang des Friedhofs, wo sich eine eigene Passage zum Meer öffnet in Form einer gemauerten Treppe. Vorbei an Benjamins Grabstätte leitet der imaginäre Rundgang bis hin zu dem Gedenkstein, den die Gemeinde Portbou dem fremden Reisenden 1990 anläßlich seines 50. Todestages auf einem der drei Sammelgräber gestiftet hat. Benjamins Spuren haben sich nach der Umbettung seiner Gebeine im Herbst 1945 endgültig verloren, der „Berühmte" hat sich endgültig unter die „Namenlosen" gesellt.

„Es ist niemals ein Dokument der Kultur, ohne zugleich ein solches der Barbarei zu sein."

Dieses Zitat aus der siebten von Benjamins Thesen zur Philosophie der Ge-

former "cementerio civil", the burial place for non-Catholics and non-believers which was originally walled off from the main graveyard. Today a link has been established with the Catholic cemetery, in turn reawakening traces of Benjamin. As a Jew he should have been buried in the modest little "special cemetery", which was only to be reached by way of the (later blocked-off) rear entrance, following the steep path which Karavan has effectively integrated in his ensemble. However, Benjamin was mistakenly thought to be a Catholic and granted a religious burial plus a grave for 5 years in niche no. 563. Unobtrusively but intentionally the "Passages" take the visitor to the cemetery's rear entrance where another passage in the form of stone steps opens towards the sea. This imaginary tour leads past Benjamin's grave to the commemorative stone established on one of the three collective graves by Portbou in 1990 to mark the fiftieth anniversary of the death of this foreign traveller. Benjamin's tracks finally vanished after his remains were transferred in autumn 1945; the "renowned man" joined the "nameless" for ever.

"There is no document of civilization which is not at the same time a document of barbarism".

That quotation from the seventh of Benjamin's *Theses on the Philosophy of History* finally recalls the barbarism of our century with its innumerable victims. It concludes

schichte erinnert abschließend an die Barbarei unseres Jahrhunderts und seine zahllosen Opfer. Ein Ensemble schließt sich, das der israelische Künstler mit großer Sensibilität auf die natürlichen Gegebenheiten der Küstenlandschaft von Portbou bezogen, in das er mit ebenso tiefer Feinfühligkeit den Friedhof selbst als den Kulminationspunkt von Benjamins Emigrantenschicksal einbezogen hat – ohne diesen Ort jedoch an irgendeiner Stelle zu tangieren oder zu verändern. Nur zeigen will der Künstler, dasjenige den anderen demonstrieren, was sich vor seinem ungleich kreativeren Auge als Zeugnis von Geschichte aufgeschlossen hat. Empfindungen will er erfahrbar machen und behutsam appellieren an die Verantwortung der Lebenden für das Gedächtnis der Toten – damit sie nicht umsonst gestorben sind.

V. Portbou und Walter Benjamin

Besucher aus der ganzen Welt kommen nach der Realisierung von Dani Karavans Werk nun nach Portbou, nicht wie die schnell passierenden Touristen des Sommers, sondern mit dem zur Passage einladenden Grenzort als Ziel ihrer Reise. Unter ihnen sind oftmals ganz unbemerkt große Künstler, bedeutende Kritiker und Literaten, die hier die dichte, einnehmende Kraft des Gedenkorts verspürt und einen Moment von Selbstbesinnung und vielleicht Entrückung erlebt haben, um sich danach in den Strom der Touristen zu integrieren, an der Rambla die spanische Küche zu genießen und sich vielleicht ein wenig darüber zu wundern, wie selbstverständlich hier in den Gaststätten Plakate mit dem Portrait von Walter Benjamin neben den neuesten

Fußballnachrichten plaziert sind. Walter Benjamin, das wird ganz deutlich, gehört zu Portbou, daran hat auch die intensive Begegnung mit den die dörfliche Ruhe aufstörenden Gästen aus aller Welt nichts geändert.

an ensemble which the Israeli artist has related with great sensitivity to the natural features of Portbou's coastal landscape, equally perceptively integrating the cemetery itself as the culminating point in Benjamin's fate as an emigrant – without, however, in any way intruding on or changing this place. The artist only wants to show to others what has become apparent to his incomparably more creative eye as a witness to history. He wants to make feelings perceptible and to appeal discreetly to the responsibility of the living for remembering the dead so that they have not died in vain.

V. Portbou and Walter Benjamin

Now that Dani Karavan's work has been completed, visitors from all over the world are coming to Portbou – not like the summer tourists who quickly pass through, but making this border town their destination. Among them, often unnoticed, are great artists, important critics and writers, who have sensed the cumulative power of this place of remembrance and have experienced a moment of reflection and perhaps transcendence before joining the stream of tourists, enjoying Spanish cooking on the Rambla and maybe being a little amazed by the way in which posters portraying Walter Benjamin appear alongside the latest football

news in restaurants. It becomes very apparent that Walter Benjamin is a part of Portbou; that has not been changed by an intensive encounter with guests from all over the world, interrupting the tranquillity of this little town.

WALTER BENJAMIN
BERLIN, 1892 - PORTBOU, 1940
"ES IST NIEMALS EIN DOKUMENT DER KULTUR,
OHNE ZUGLEICH EIN SOLCHES DER BARBAREI ZU SEIN"
GESCHICHTSPHILOSOPHISCHE THESEN, VII
"NO HI HA CAP DOCUMENT DE LA CULTURA
QUE NO HO SIGUI TAMBÉ DE LA BARBÀRIE"

I. SCHEURMANN: *Dani, wir treffen uns jetzt hier in Deinem Atelier in Paris kurz nach der Eröffnung des Gedenkortes für Walter Benjamin, den Du in Portbou gestaltet hast. Diese Eröffnung war eindrucksvoll; die Reaktionen in der Presse und der Fachwelt sind sehr positiv und erreichen uns aus aller Welt. Wir haben mit vielen Menschen, die in Portbou dabei waren oder davon aus den Medien erfahren haben, gesprochen. Sie sind beeindruckt von der Qualität, der Sensibilität und der Ausdruckskraft Deines Kunstwerks. Wie war das eigentlich für Dich, als Du kurz vor der Eröffnung nach Portbou kamst und den Gedenkort „Passagen", für den Du fünf Jahre gekämpft und gearbeitet hast, nun fertiggestellt sahst? Was hattest Du für einen Eindruck? Entspricht das Werk Deinen Erwartungen, Deiner Planung? Ist der Ort so geworden, wie Du ihn Dir vorgestellt hast oder gibt es für Dich jetzt, wo er realisiert ist, noch das Moment des Überraschenden?*

Dani Karavan im Gespräch mit Ingrid und Konrad Scheurmann

Interview

Dani Karavan talking to Ingrid und Konrad Scheurmann

I. SCHEURMANN: *Dani, here we are in your Paris studio just after the opening of the memorial for Walter Benjamin which you created at Portbou. That opening was a very stirring occasion. Reactions in the press and among experts are very positive, reaching us from all over the world. We have talked to many people who were present in Portbou or heard about that occasion in the media. They are very fascinated by the quality, the sensitivity, and the expressiveness of your work of art. But how was it for you to come to Portbou just before the opening and see the completed "Passages" memorial site as the outcome of five years of struggle? What were your impressions? Did the work accord with your expectations, with your plans? Was the site as you had imagined, or were there also surprises for you in the finished work?*

KARAVAN: Es gibt immer die Überraschung. Denn die Vorstellungen und die Gedanken, die man sich über die eigene Arbeit macht, entsprechen niemals exakt dem, was dann realisiert ist. Das heißt, manchmal gibt es auch Enttäuschungen, weil man sich das eine oder andere doch anders vorgestellt hat. Meist betrifft das aber Details, besonders in der Fertigung, die man doch gerne noch präziser und fehlerlos ausgeführt hätte, so daß man letztendlich die Qualität erreicht, die man angestrebt hat.

Darüber hinaus gibt es aber auch ganz andere Überraschungen, z. B. durch die Situationen oder Bedingungen, die man vorfindet, die man sich nicht vorstellen und auch nicht planen konnte, Veränderungen etwa, die die Natur hinzufügt, die Teil der Natur sind und somit Teil der Gegebenheiten, auf die ich mich einstellen muß.

Zwei Dinge sind also sehr typisch für meine Arbeit. Auf der einen Seite verspüre ich eine Art Enttäuschung, wenn nicht genau das herauskommt, was ich ausdrücken wollte, wenn ich denke, hier und dort hätte ich es doch anders machen können. Auf der anderen Seite bin ich überrascht, wenn ich sehe, was Umgebung und Natur meinen Ideen und Vorstellungen hinzufügen, Phänomene, die außerhalb meiner Planung liegen und die ich in meine Arbeit integriere.

Mit dem Ergebnis in Portbou bin ich jedoch im großen und ganzen sehr zufrieden. Bei einigen Details, z. B. bei dem Weg, der hinter dem Friedhof hinaufführt, leide ich, wie Ihr wißt, noch heute. Ich habe nie verstanden, warum er derart geändert werden mußte[1]. Meiner Meinung nach hatte er, so wie er war, eine ausgezeichnete Ausstrahlung. Doch solche Kleinigkeiten kommen vor. Ich versuchte dann ja, ihn wieder so zu restaurieren und so zu gestalten, wie er vorher war und wie ich ihn mir in seiner Wirkung vorgestellt habe. Doch gelang

KARAVAN: There are always surprises. The finished work almost never completely accords with what you had imagined and thought. There are sometimes disappointments because you imagined this or that differently. That mainly involves details, particularly in the implementation, which you would rather have done even more precisely and without any mistakes so as to achieve the intended quality.

Apart from that there are all sorts of different surprises, resulting from existing situations and conditions, which cannot be anticipated or planned – such as changes brought about by nature, which I have to take into account.

Two things are very characteristic of my work. On the one hand I feel a kind of disappointment when things do not turn out exactly as I wished, when I think that I could have done things differently here and there. On the other hand, I am surprised when I see what the surroundings and nature add to my ideas and imaginings – phenomena beyond my planning, which I then integrate in my work.

On the whole I'm very satisfied with the outcome in Portbou. However, as you know, I'm still suffering over some details, such as the path leading up behind the cemetery. I never understood why it had to be changed like that.[1] In my opinion the impact was excellent as it was. But little things like that happen. I tried to restore the path as it was and how I imagined it, but I didn't completely succeed because I cannot do in three weeks something for which nature requires years. I was disappointed about that, but in general I was pleasantly surprised and impressed in Portbou, above

mir das nicht komplett, denn ich kann nicht etwas in drei Wochen wiederherstellen, wofür die Natur Jahre braucht. Darüber war ich enttäuscht, aber im allgemeinen war ich in Portbou positiv überrascht und beeindruckt, hauptsächlich von der zentralen Passage, dem Korridor zum Meer. Aber auch mit der guten Zusammenarbeit mit den Architekten und Handwerkern, den Firmen und auch der Gemeinde war ich sehr zufrieden. Es war alles sehr positiv.

I. SCHEURMANN: *Was hattest Du für ein Gefühl, als Du zum ersten Mal den Tunnel hinuntergingst und den „Strudel" sahst? Kannst Du Deine Empfindungen beschreiben?*

KARAVAN: Ich kannte ja dieses Phänomen und konnte den Tunnel und den Strudel nicht wirklich zum ersten Mal sehen,

da ich alles vorher schon oft und gerade auch während der Bauarbeiten überprüft und ausgelotet habe. Da bin ich sogar schon hinuntergeklettert, angeseilt wie Ihr wißt, um nicht abzustürzen. Der Eindruck war also insoweit nicht ganz neu für mich.

I. SCHEURMANN: *Du hast jede Phase des Baus persönlich betreut und gesehen, wie der Tunnel fertiggestellt, die Glasscheibe eingesetzt und die Abdeckung aufgesetzt wurde. Als Du den Tunnel dann am 15. Mai geöffnet hast und – in dem Wissen, daß Du nichts mehr verändern kannst – die Stufen abwärts gingst: hattest Du da nicht das Gefühl, zum ersten Mal hinunterzugehen?*

KARAVAN: Nein, das gibt es nicht für mich, dieses erste

all by the central Passage, the corridor to the sea. I was also very satisfied with the good working relationship with the architects and craftsmen, with the contractors and the local community. All that was very positive.

I. SCHEURMANN: *What were your impressions when you went down the tunnel for the first time and saw the turbulent sea? Can you describe your feelings?*

KARAVAN: I knew that phenomenon after all, and couldn't view the tunnel and the waves as if for the first time since I'd often checked out everything during the construction phase. As you know, I even climbed

down the cliff, roped up for safety. So the impression wasn't completely new for me.

I. SCHEURMANN: *You personally supervised each phase of the construction and you saw how the tunnel was completed, the glass screen installed, and the roof put into position: when you opened the corridor on May 15th and went down the steps – knowing that nothing could be changed any more – didn't you have the feeling then of going down these steps for the first time?*

KARAVAN: No, that sense of a first time does not exist for me. Of course, everything had been completed and that was a special moment – but without a feeling of

Mal; gewiß, alles war fertig, und das war ein besonderer Moment, aber ohne dieses Gefühl des Erstmaligen. Denn als ich den Tunnel während der Vorbereitung sah, den Betonunterbau z. B., habe ich ja schon gesehen, daß der Einschnitt in den Berg funktionierte; später beim Aufstellen der Wände, beim Einbau der Stufen, wuchs langsam aber sicher alles zusammen. Es war also nicht so, als ob ich vorher nie dagewesen wäre und nun hinkäme und alles zum ersten Mal sehen würde. Für mich gibt es dieses erste Mal bei meinen Arbeiten nie, da ich den Fortgang der Arbeiten immer selbst verfolge. Wie in Portbou, wo ich auch schon während der Ausschachtungsarbeiten dabei war, als nichts existierte außer diesem Einschnitt; oder noch früher, als wir versucht haben, die richtige Lage des Korridors festzulegen.

Ich habe also diese Situation, diese Erfahrung mit dem Blick auf den Strudel, lange Zeit erlebt oder besser gesagt: gelebt. Und doch, als dann alles fertig wurde und sich schloß, war es sicher auf eine gewisse Art und Weise anders, neu, das stimmt schon. Als ich z. B. den Tunnel ohne Abdeckung sah, da wirkte er sehr stark auf mich, und ich überlegte mir noch, ob ich die Abdeckung überhaupt machen oder ob ich ihn nicht doch offen lassen sollte.

K. SCHEURMANN: *Ja, ich erinnere mich noch genau an diesen Tag, als die Seitenwände aufgestellt wurden und Du mich in dem Moment, als der erste Teil der Abdeckung hochgezogen wurde, fragtest: Sollen wir das machen oder nicht? Für mich*

uniqueness. After all, when I saw the tunnel being prepared and the concrete poured, I saw that the cut into the mountain was working. Later on with the erection of the walls and making of the steps everything came together, slowly but surely. So it wasn't as if I had never been there before, and then came and saw everything for the first time. For me there is never a first time since I always keep an eye on how operations are going. In Portbou I was even present for the excavation when nothing existed except for this cut – or even earlier when we were trying to decide on the right place for this corridor.

So I have experienced or rather lived through this situation of looking down towards the turbulent sea for a long time. Yet it's true that this was somehow different and new when everything was ready. For instance, when I saw the tunnel without a roof, that exerted a very strong impact on me, and I wondered whether to leave it open.

K. SCHEURMANN: *I have a very clear memory of the day the side walls were erected, and just at the moment when the first part of the roof was raised you asked: Should we do this or not? For me that's a remarkable aspect of your way of working. You structure and*

ist das ein bemerkenswertes Phänomen Deiner Arbeitsweise.
Du formst und gestaltest während des gesamten Enstehungs-
prozesses einer Arbeit, sozusagen bis zum letzten Augenblick.
Deshalb überlege ich, ob es dann nicht doch einen Zeitpunkt
gibt, an dem Du sagen kannst, daß Du alles sozusagen zum
ersten Mal siehst und an dem Du Dich fragst, wie sich Dir das
Ganze, jetzt, wo es fertig ist, präsentiert. Kannst Du Dich in
diesem Sinne noch wie ein Besucher fühlen oder ist das
unmöglich?

KARAVAN: Unmöglich, denn ich bin so mit meiner Arbeit
verbunden, ich bin so von ihr berührt, daß ich unter manchen
Dingen leide, die Ihr so nicht sehen und auch nicht verstehen
würdet. Ich habe vor der Eröffnung manchmal gedacht, daß

das Ganze ein Mißerfolg wird, weil ich mir bisweilen nicht
sicher war; dann wieder habe ich geglaubt, daß es ein Erfolg
wird. Und wir haben es geschafft, es ist gelungen.

Doch als ich den Korridor während der Bauarbeiten sah,
die beiden starken Eisenwände, die in den Fels einschnitten,
wirkte das auf mich wie eine sehr ausdrucksstarke Skulptur,
aber nicht wie mein Projekt, es war plötzlich etwas anderes.
In Ordnung, es war auch Teil meines Projekts, aber es war eine
Skulptur, mehr ein Objekt. Als ich dann jedoch die Abdeckung
aufsetzen ließ – was vielleicht etwas von dem kraftvollen
Ausdruck dieses Einschnitts wegnahm – wurde der Korridor
wieder zu dem Projekt, das ich realisieren wollte. Man spürte
die Skulptur nicht mehr – übrigens eine sehr aussagekräftige,

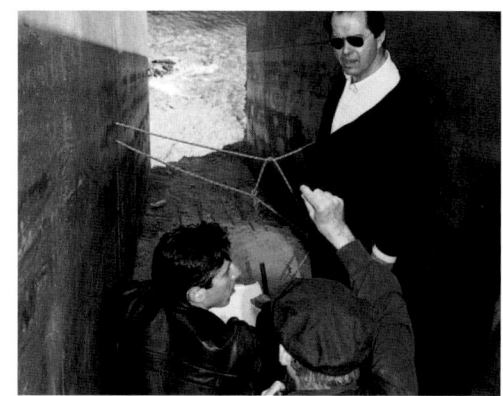

shape during the entire process of a work's coming
into existence right up to the last minute. So I wonder
whether there might after all be a moment when you
are seeing everything so-to-speak for the first time,
when you ask yourself how you feel about the com-
pleted work. Can you in that sense still respond like a
visitor or is that impossible for you?

KARAVAN: Impossible, since I am so involved in my
work, so moved by it, that I suffer from certain things
that you would not see or even understand. Before the
opening I sometimes thought that this work was a failure because time and again I wasn't sure about it.

Then again I believed it would be a success. And we
did it; it works. But when I saw the corridor during
the construction phase with the two strong iron walls
cut into the rock, on me that had the impact of powerfully expressive sculpture. Suddenly it was something
different to my project. O.K., it was also part of my
project, but it was more a sculpture, an object. When
I had the roof put on after all – which perhaps took
away something of the cut's powerful expressiveness –
the corridor once again became the project I wanted to
do. The sculpture – by the way, a very expressive and
powerful minimalist sculpture in the tradition of many

stark minimalistische Skulptur, die in der Tradition vieler Künstler unseres Jahrhunderts stand – sie existierte plötzlich nicht mehr. In dem Augenblick, als die Abdeckung aufgesetzt wurde, entstand erst wirklich der Weg, der hinunterführt. Der Korridor wurde zu etwas anderem – er war kein Objekt mehr, keine Skulptur – er wurde zu einem Tunnel, zu einem Medium, das die Besucher leitet, das sie dazu bringt, etwas ganz Bestimmtes zu sehen. Er ist ein Instrument, ein Werkzeug.

K. SCHEURMANN: *Du verneinst für dieses Werk die Bezeichnung Skulptur? Hat es nicht vielleicht doch gewisse skulpturale Qualitäten? Könnte man es als eine Skulptur bezeichnen, die man begehen kann?*

KARAVAN: Ich möchte diese Art Diskussion eigentlich nicht führen. Viele Menschen, sogar ich selbst, können keine exakte Definition für das finden, was ich tue. Ich kann nicht sagen, ob es Skulpturen sind oder etwas anderes. Gut, nennen wir es Skulptur, denn das scheint die einzige Möglichkeit zu sein, den Menschen zu erklären, worum es sich handelt. Wir haben keinen anderen Begriff dafür. Mal sagen wir „environmental sculpture" – aber wir haben auch viele andere Begriffe dafür benutzt – und dann wieder sagen wir, es seien doch keine eigentlichen Skulpturen. Es handelt sich aber auch nicht um Architektur oder um Landschaftsgestaltung. Ich glaube, die Wahrheit liegt zwischen all diesen Begriffen.

Wir, und ich möchte eigentlich das Wort „Wir" hier nicht gebrauchen, da ich an der Begriffsdiskussion nicht sehr interessiert bin – wir fanden keinen passenden Begriff. Wir können heute nur sagen, da mein Werk sich im Feld der Skulptur bewegt, ist es insofern eine Skulptur, hat also skulpturale Qualitäten. Für mich ist die Arbeit in Portbou jedoch keine Skulptur, kein Objekt, nichts, was man sich auf Grund seiner Schönheit ansieht, denn sie will intellektuelle oder, wie der Kunsthistoriker Pierre Restany sagte, philosophische Gefühle und Ausstrahlungen übermitteln. Und dies, wie ich meine, auf unterschiedlichen Ebenen der Erfahrung.

Nimm z. B. nur das Hinabsteigen in den Korridor mit den unterschiedlichen Empfindungen, die das auslöst und die auf Dich wirken: die Veränderung des Lichts, der Helligkeit, die Geräusche, die Beklemmung; all das sind Teile dieser Erfahrung. So auch das Konzentrieren des Blicks auf den Ausschnitt,

of this century's artists – was not to be felt any longer. The moment the roof was put on, the way leading downwards really came into existence. The corridor became something else – it was not an object or a sculpture any longer. It became a tunnel, a means of guiding visitors to see something specific. It's an instrument, a means.

K. SCHEURMANN: *You reject calling this work a sculpture, but doesn't it perhaps have certain sculptural qualities? Could it be called a walk-through sculpture?*

KARAVAN: I really don't want to get involved in that kind of discussion. Many people – myself included – have failed to come up with a precise definition of what I do. I cannot say whether my works are sculptures or something else. Lets call it sculpture since that seems to be the only way of telling people what it is. We have no other term. Sometimes we say 'environmental sculpture', but we've also used many other words – and then again we say that these are not really sculptures. They are not architecture or landscaping either. The truth lies between all those terms.

I hesitate to use the word "we" as I'm not very much interested in a discussion on defining terms, but we did not find a suitable term. Today we can only say that my work operates in the realm of sculpture, has sculptural qualities, but for me the work at Portbou is not a sculpture or an object, something you look at because of its beauty, since it is intended to transmit intellectual and – as the art historian Pierre Restany has said – philosophical feelings and emanations on what I see as different levels of experience.

Take, for instance, the descent in the corridor with the various sensations sparked off and acting on you: the change of light, the brightness, the noises, the unease – all are part of this experience. So too is the concentration of attention on the framed view that the tunnel gradually reveals: the way in which I get you to see certain things I want you to see. And you react to

den der Tunnel nach und nach freigibt; die Art und Weise, wie ich Dich bestimmte Dinge sehen lasse, von denen ich will, Daß Du sie siehst. Und Du, Du reagierst auf all dies. Zurück gehst Du wieder vom Licht in die Dunkelheit und siehst das Licht, das oben durch den Eingang fällt. Du steigst diesem Stück Himmel entgegen, entdeckst dann den Berg, dann die Mauer und endlich den Weg, der zu dieser Mauer führt.

Du wechselst die Richtung, gehst den Hügel hoch; kein leichter Weg, eher schwierig und unbequem für Dich. Du sieht ein paar Stufen und den Olivenbaum, der gegen die Mauer des Friedhofs lehnt. Es geht weiter, Du findest die Plattform und entdeckst eine völlig andere Aussicht. Es ist eine Art Kontrapunkt zu der „Passage", in der Du zuvor gewesen bist.

Dort war alles auf einen Punkt konzentriert – hier ist alles offen, nur begrenzt durch den Zaun. Du hörst das Zwitschern der Vögel, den Wind in den kleinen Büschen und im Hintergrund die Züge. Hier achtest Du plötzlich auf diese unterschiedlichen Geräusche; zuvor, im Tunnel, gab es nur das Geräusch der Wellen, so stark, daß Du Dich ganz auf diesen Ton konzentriert hast. Hier nun die Vielfalt der Geräusche!

Du verfolgst den Weg weiter durch den Friedhof und kommst wieder an Deinen Ausgangspunkt zurück. All dies fügt sich zu einer Art Ring, einem Kreis, einem Rundweg, einer Art Passage eben. Das – zusammen – ist das Werk „Passagen". Die eigentliche Arbeit besteht eben nicht nur aus drei verschiedenen einzelnen Teilen, die man sich nacheinander wie in einem

all that. And then you return from the light to the darkness and see the light coming through the entrance. You mount towards this piece of sky, discover the mountain, then the wall, and finally the path which leads to the wall.

You change direction and climb up the hill, which is difficult for you and not very comfortable. You see a few steps and the olive tree leaning against the cemetery wall. And you continue and find the platform, and you discover a completely different view. This is a kind of counterpoint to the "Passage" you were in previously. There everything was focused on a single point.

Here everything is open, only limited by the fence. You hear the twittering of the birds, the wind in the little bushes, and in the background the trains. Here you suddenly listen to these different sounds. Previously, in the tunnel, there was only the sound of the waves, so powerful that you concentrated on that. Here there is a variety of sounds.

You continue on the path through the cemetery and come back to where you started. All this adds up to a kind of ring, a circle, a round-tour – a kind of Passage, after all. Together that constitutes this work "Passages". The real work does not just consist of three different

Skulpturengarten ansehen kann, absolut nicht, sondern alles ist Teil des Kunstwerks.

Das alles fing an, wie Ihr Euch erinnern könnt, als wir uns entschlossen, die Arbeit an diesem Platz zu realisieren. Zuvor hatten wir uns andere Möglichkeiten ansehen können, z. B. diesen wunderbaren Aussichtspunkt oben auf dem Berg. Wir hätten das Kunstwerk überall dort errichten dürfen, wo wir es hätten tun wollen – sogar der Platz neben dem Zollgebäude wäre möglich gewesen. Wir hatten also die freie Auswahl. Doch wir entschieden uns für den Platz neben dem Friedhof, da wir erkannten, daß genau hier der richtige Ort für das Kunstwerk ist.

I. SCHEURMANN: *Mir fällt auf, daß Du oft „Wir" sagst. Wenn*

ich mich richtig erinnere, gab es bei Deiner Arbeit zwei verschiedene Momente: Einerseits hast Du tatsächlich den Dialog mit allen am Projekt Beteiligten gesucht, andererseits hatte ich aber auch den Eindruck, daß Du von Beginn an sehr genau wußtest, wie Du was machen wolltest. Du bist nach Portbou gekommen, hast diesen Ort gefunden und gleich zu Beginn das „phenomenon of the water" entdeckt und auch den Platz hinter dem Friedhof. All dies war Deine individuelle und sehr persönliche Reaktion auf die Gegebenheiten. Neben dieser „Einsamkeit des Künstlers" erlebten wir, daß es für Dich auch wichtig war, über all Deine Überlegungen zu diskutieren. Wie paßt das nun zusammen?

KARAVAN: So arbeite ich aber generell. Das bedeutet, zuerst

pieces that you can view in succession as in a sculpture garden. Absolutely not. Everything is a part of this work of art. All this started, as you will remember, when we decided to site the work in this place. Initially we had a chance of looking at other possibilities, such as the wonderful viewing–point up on the mountain. We could have put this work of art anywhere we wanted. Even the place next to the customs building would have been possible. We had a free choice. However, we decided in favour of the site near the cemetery since we recognized that it is exactly the right place for this work of art.

I. SCHEURMANN: *I notice that you often say "We": If I remember rightly, there were two different factors in your work. On the one hand the dialogue with everybody involved in the project was necessary to you, and on the other I had the impression that right from the start you knew very precisely what you wanted to do. You came to Portbou, found this place, and immediately discovered the 'phenomenon of the water' and the site behind the cemetery. All that was your individual and very personal reaction to this situation. Apart from this 'loneliness of the artist', we experienced how important it was for you to discuss your ideas. How*

besteht meine Arbeit, dieser Akt der Einsamkeit, wie Du sagst, darin, nachzudenken, und das zu finden, von dem ich fühle, daß es unbedingt gemacht werden sollte. Danach beginnt das Gespräch, der Dialog. Auf eine gewisse Art werden meine Ideen durch den Dialog und die Reaktionen des Gegenübers überprüft. Das soll aber nicht bedeuten, daß ich ein Projekt nicht durchführen würde, wenn meine Ideen nicht akzeptiert werden. Vielleicht ja, vielleicht nein. Und wenn es akzeptiert wird, heißt das aber auch noch nicht, daß ich es auch realisieren werde.

Ich brauche den Dialog, dieses Gespräch mit Euch, ich möchte Eure Meinungen hören, möchte Eure Reaktionen sehen, versteht Ihr; das bedeutet also das „Wir". Ich brauche

die Reaktionen, ich kann nicht in einem totalen Vakuum arbeiten. Deshalb nehme ich auch nicht gerne an Wettbewerben teil, denn gerade da arbeitet man in dieser Art Vakuum. Ich muß dann alles auf mich selbst gestellt machen, es gibt keinen Dialog, keine Reaktionen, keine Überlegungen. Während ich Euch meine Pläne vorstelle, beeinflussen mich nicht nur Eure Worte, sondern auch, was sich in Euren Augen, in Eurer Mimik widerspiegelt, wie Ihr reagiert. Als ich damals sah, wie Ihr meine Vorstellungen akzeptiertet, und ich spürte, daß Ihr zufrieden wart, war ich mir meines Erfolgs sicher. Es ist eine Art Überprüfung, eine Art Beweis. Wie könnte ich sonst meine Ideen überprüfen? Es geht nicht anders. In Portbou habe ich meine Idee, glaube ich, nicht direkt beim ersten Mal ent-

does that fit together?

KARAVAN: That is how I work in general. My work – what you call this process of loneliness – first involves reflection and discovery of what I feel ought to be done. Then discussion and dialogue get under way. My ideas are to a certain extent put to the test in dialogue and the reactions of others. That does not, however, mean that I would not implement a project if my ideas were not accepted. Maybe yes, maybe no. If it is accepted, that doesn't mean I will actually do it.

I need dialogue, I need to talk with you, to hear your opinions, to see your reactions. That is the "we".

I need those reactions as I cannot work in a complete vacuum. That is why I do not like taking part in competitions since you work in this kind of vacuum there. I then have to rely on myself completely, and there isn't any dialogue, reactions, or other thoughts. When I present my plans to you I'm not only influenced by your words. I also respond to what is reflected in your eyes, your gestures, and your reactions. When I saw how you accepted my ideas and sensed that you were satisfied, I was sure of success. This is a kind of testing, a kind of proving. How could I otherwise test my ideas? There is no other way. At Portbou I don't think I imme-

wickelt. Als wir das erste Mal dort waren und uns umsahen, dachten wir z. B. noch daran, die Terrasse unterhalb des Friedhofs zu verändern; ich hatte noch keine festen Vorstellungen.

Erst beim zweiten Mal entdeckte ich das Phänomen des Strudels. Und ich dachte: Das ist es.

Und dann sagte ich mir: „Wo wir das nun gefunden haben, sollten wir Ausschau nach weiteren Möglichkeiten halten", und wir entdeckten sie. So entstand daraus das „Passagen"-Projekt.

Diese Arbeit wurde wirklich vor Ort geboren, nicht durch Überlegungen in meinem Studio. Ich kam ohne jede Voreingenommenheit, es gab da nichts, was ich schon wollte, was ich mir vorher schon ausgedacht hatte, nach dem Motto: hier geht es um Walter Benjamin und das muß ich nun tun.

Das ist übrigens auch einer der Punkte, den viele Menschen nicht ganz verstanden haben. Ich habe nicht gleich angefangen, noch einmal Artikel über Benjamin zu lesen oder das Buch von Gershom Scholem oder anderes, das ich schon kannte. Nein, ich wollte meine Kenntnisse nicht auffrischen, ich wollte nichts tun, um im Vorfeld noch mehr Wissen zu erlangen. Ich wollte von dem Platz ausgehen, um zu sehen, wie die Gegebenheiten auf mich wirken würden. Falls nichts passiert wäre, hätte ich einen anderen Ansatz finden müssen. Aber es wurde dann wirklich alles aus dem Ort geboren, die Idee entstand durch den Ort.

Als ich Euch meine Ideen vorstellte und Ihr sie auf Eure Weise überdachtet und darauf reagiertet, war das sehr wichtig

diately developed my idea during the first visit. When we were there for the first time and looked around, we were still thinking of perhaps changing the terrace below the cemetery. I still didn't have any fixed ideas.

Only during the second visit did I discover the phenomenon of the turbulent sea. And I thought: That's it. And then I said to myself: Now that we've found this, we should look for other possibilities – and we discovered them. That's how the "Passages" project came into existence. This work was truly born on the spot, not in my head in the studio. I didn't come with any preconceptions. There was nothing pre-planned in

terms of: this is Walter Benjamin and here is what I must do.

By the way, that is also one of the points which many people have not completely understood. I didn't immediately start rereading articles about Benjamin, Gershom Scholem's book, or other things I already knew. No, I didn't want to refresh my knowledge, I didn't want to do anything to gain even more preliminary knowledge. I wanted to start from the place itself in order to see how things would affect me. If nothing had happened, I would have had to find another starting-point. But everything really was born there,

für mich. Wie ich vorher schon sagte, wie könnte ich mich sonst überprüfen? Ich hätte nicht irgendwohin gehen können, wie ein Wissenschaftler, um die Sache prüfen zu lassen, so wie man Lackmuspapier braucht, um herauszufinden, ob es sich um Säuren oder Basen handelt. So eine Art der Überprüfung gibt es für meine Arbeit nicht. Die einzige Art in der ich herausfinden kann, wie etwas wirkt, ist, mit den Menschen zu reden und ihre Reaktionen zu studieren. Menschen, denen ich vertraue und von denen ich glaube, daß sie einfühlsam genug sind. Deshalb benutze ich das „Wir".

K. SCHEURMANN: *Dani, ich weiß, daß Du eigentlich einen Ort, für den Du etwas tun sollst, kennen mußt, um eine Arbeit beginnen zu können, wie jetzt z. B. bei dem Wettbewerb in Berlin. Du studierst den Ort, sammelst Material und arbeitest dann am Modell. So gesehen ist das Projekt in Portbou doch eher singulär in Deiner Arbeit, denn Du mußtest es ohne irgendwelche Vorinformationen beginnen, wußtest nichts über den Ort, die Stadt.*

KARAVAN: Jedes Vorhaben ist anders, auch die Art wie man mit dem jeweiligen Projekt oder auch mit dem Entstehungsort

eine Art Dialog führt. Ein Wettbewerb ist wieder etwas anderes. Bei den meisten meiner Arbeiten steht der Platz zuvor fest. Man sagte mir z. B. in Cergy-Pontoise: Wir möchten eine drei Kilometer lange Achse haben, die hier beginnt und dort über den Fluß zum Seeufer auf die andere Seite des Sees führt. Ich besuchte zwar den Ort, konnte jedoch nicht alles besichtigen und arbeitete dann an Plänen weiter.

In Köln gab es sehr klare Vorgaben durch die Planung der Architekten. Anfangs kannte ich den Ort gar nicht. Später konnte ich ihn nicht so sehen, wie er sein würde, da die ganze Architektur noch nicht vorhanden war; es ist immer sehr unterschiedlich. Das gilt übrigens auch für die Arbeiten in Tel Aviv und der Negev-Wüste.

In Zürich konnte ich ähnlich wie in Portbou den Platz auswählen, mit dem Unterschied, daß es ein abstraktes Projekt ist, das mit keinem konkreten Gegenstand verbunden ist.

In Portbou, wo die Idee zur Arbeit vor Ort entstanden ist, gab es erst später ein Modell. Es gibt also ähnliche Arbeiten von mir, wo die Konzeption vor Ort entstanden und das Modell erst danach angefertigt worden ist. Zuerst gibt es also

the idea came from the place.

When I presented my ideas to you, and you reflected and responded, that was very important for me. As I said before, how could I otherwise assess my ideas? There was nowhere I could have gone, like a scientist, to have them assessed, like using litmus paper to discover whether acids or bases are involved. The only way in which I can discover whether something works is to talk to people and study their reactions – people I trust and believe to be sufficiently sensitive. That's why I use the word "we".

K. SCHEURMANN: *Dani, I'm aware that you need to know a place where you're supposed to work so as to be able to make a start – as for instance now in the Berlin competition. You study the site, gather material, and then work on a model. The Portbou project was thus different since you had to start without any previous information, knowing nothing about the place and the town.*

KARAVAN: Each project varies, even in the way you conduct a kind of dialogue with it or the place involved. A competition is different. In most of my works the site has already been decided. For instance I was told at Cergy–Pontoise: We would like to have a 3 km. long axis which starts here and goes across the river there to the edge of the lake and then to the other side. I did visit the location, but could not see everything and continued working on my plans.

At Cologne the architectural planning provided very clear preconditions. In the beginning I didn't know the site at all. Later I couldn't see the site as it was to be because not all the buildings were finished. Circumstances always differ greatly. That was also true of my works in Tel Aviv and the Negev desert.

In Zürich, as in Portbou, I could choose the location, but this is an abstract project unlinked with any concrete object.

In Portbou where the idea for the work originated

die Idee, inspiriert durch das Aufeinandertreffen mit dem Ort, dann das Modell.

I. SCHEURMANN: *Nach der Eröffnung gab es sehr gute Kritiken Deiner Arbeit in Portbou. Darunter sind auch einige Artikel, in denen von dem politischen Künstler Dani Karavan die Rede ist, einem Künstler, der hervorragend dafür qualifiziert sei, an die Verbrechen dieses Jahrhunderts zu erinnern. Wie Du zuvor erwähnt hast, gab es bei all den verschiedenen Projekten Menschen, die Dich bei Deiner Arbeit beeinflußt haben. Ist es möglich, daß solche Reaktionen auf Deine Projekte in Nürnberg oder Portbou Deine weitere Arbeit als Künstler beeinflussen werden? Bist Du jetzt politischer geworden, als Du es vorher warst?*

KARAVAN: Zunächst bin ich sicher, daß mich jede meiner Arbeiten beeinflußt. Ich habe meinen Weg durch meine Arbeiten gefunden. Ich habe nicht diese Art klarer Perspektive, bei der der Weg schon feststeht, den ich gehen muß. Mein Weg entsteht durch meine Arbeiten. Und jede von ihnen bringt mich jeweils zu einem Punkt, an dem alles wieder offen ist, vielleicht für eine andere Idee, die dann möglicherweise wieder

verändert wird durch die nächste Arbeit, die ich realisieren werde. Ich würde gerne versuchen, wenn das überhaupt möglich ist − aber ich glaube, das ist sehr schwierig −, alles offenzuhalten für das, was ich noch tun will. Was ich geschaffen habe, habe ich gemacht. Das ist abgeschlossen. Aber was ich in Zukunft gestalten werde, sollte meines Erachtens nicht beeinflußt werden durch das, was schon existiert. Das ist natürlich eine Art Antithese zu dem, was ich vorhin gesagt habe. Auf der einen Seite möchte ich nicht wissen, was ich tun werde, ich möchte die Zukunft meiner Arbeit nicht festlegen, da ich hoffe, daß meine künftigen Arbeiten mit der jeweils speziellen Situation, die an mich herangetragen wird, und den jeweiligen politischen und kulturellen Gegebenheiten verbunden sein werden.

Andererseits sammele ich natürlich durch meine Arbeit Wissen und Erfahrungen in meinem, sagen wir, persönlichen Archiv an, also in meinem Gehirn, meinen Gefühlen, meinen Nerven, in meinem Blut. Ich möchte dafür nicht den Begriff Computer gebrauchen, denn ein Computer ist ein totes Ding. Ich speichere aber selbstverständlich die Erfahrungen, die ich

on the spot, the model came only later. There are other works of mine where the concept was developed on site and the model was only produced afterwards. First comes the idea, inspired by encountering the place, then the model.

I. SCHEURMANN: *After the opening the critical response to your work at Portbou was very favourable. Some articles spoke of Dani Karavan as a political artist, an artist excellently qualified to bear witness to the crimes of this century. As you mentioned before, there have been people in all your various projects who influenced your work. Might it be that such a reaction to your work, whether in Nuremberg or Portbou, will influence future artistic projects? Have you become more political than you used to be?*

KARAVAN: First of all, I am sure that each of my works influences me. I discovered my way through my works. I don't have this kind of clear-cut perspective where the path I must take is already laid down. My

way develops through my works. Each work brings me to a point where everything is once again open − perhaps to another idea which may be changed by the next work I do. If thats' possible I would like to try − but I think it's very difficult − to remain open to whatever comes. What I have done I have done. That is finished. In my view, what I create in future should not be influenced by what already exists. That is of course a kind of antithesis to what I said previously. On the one hand, I don't want to know what I'll be doing; I don't want to lay down the future of my work since I hope that future works will be related to specific situations, to local cultural and political circumstances.

On the other hand, through my work I of course accumulate knowledge and experience in what could be called my personal archive − in my brain, my feelings, my nerves, my blood. I don't want to use the term computer for that since a computer is a dead thing. However, of course I store up the experiences

gemacht habe. Das dringt nicht immer nach außen, wird nicht immer gleich sichtbar, aber es beeinflußt das, was erst noch entstehen wird.

Und ich war schon immer eine politische Person, die sich eingemischt hat – schon als ich sehr jung war und Mitglied eines Kibbuz, dann als Mitglied einer linken Bewegung. Ich habe mich immer sehr engagiert in den politischen Prozessen in meinem Land.

I. SCHEURMANN: *Vielleicht erfolgt der erstaunte Hinweis auf die politische Qualität Deiner Arbeit ja aus dem Blickwinkel europäischer Kritiker, die Deine Biographie nicht so gut kennen?*

KARAVAN: Vielleicht. Als ich zum Beispiel noch Maler war, entschloß ich mich schnell, nicht einfach nur Maler zu sein, Bilder zu malen. Ich wollte schon damals öffentlich arbeiten. Und weil ich im öffentlichen Raum arbeiten wollte, bin ich ja nach Italien gegangen, um Fresko- und Wandmalerei zu studieren. Ich wollte für die Gesellschaft, für die Menschen arbeiten, mittendrin sein und auf das Leben der Menschen reagieren. Das stand also am Anfang, und ich hatte damals viele Ideen! Ich überlegte mir z. B., wenn ich eine Ausstellung mache,

dann in der Hauptstraße von Tel Aviv, im Schaufenster eines Geschäfts und nicht in einer Galerie, damit die Menschen auch wirklich daran vorbeigehen und sehen!

Auf der anderen Seite waren meine Arbeiten aber niemals eine direkte Reaktion auf politische Gegebenheiten, sie waren keine Plakate, mit denen ich aufrief, zu demonstrieren oder gegen dies und das zu protestieren. Ich konnte das nicht, selbst wenn ich es gewollt hätte, denn ich erkannte für mich, daß dabei keine gute Kunst entstehen würde. Ich weiß, daß es einige Künstler gibt, die so etwas beherrschen, z. B. George Grosz. Selbst Beuys konnte dies auf seine Weise. Aber ich hatte diese Fähigkeit nicht. Meine Arbeiten waren nie politische Stellungnahmen. Nur die Titel, die ich ihnen manchmal gab, hatten eine politische Aussage, hauptsächlich für den Frieden, manchmal auch allgemeiner. Oder es gab konzeptuelle Texte, wie auf der Biennale in Venedig, wo ich schrieb: „Olivenbäume sollten unsere Grenzen sein." Auf die Wand schrieb ich: „Ich wurde auf den Dünen der Küste des Mittelmeers geboren. Mit meinen nackten Füßen habe ich das erste Mal die Formen wahrgenommen, die die Natur der Erde, dem

I've had. That does not always receive outer expression, is not always immediately visible, but it influences what I will do in the future.

I was always a political person, someone who gets involved – even when I was very young as member of a kibbutz, and then in a leftist movement. I've always been very engaged in politics in my country.

I. SCHEURMANN: *Perhaps that astonishment about the political quality of your work is the view of European critics who don't know your biography so well?*

KARAVAN: Maybe. When I was still a painter, I quickly decided not to be just a painter, making pictures. Even at that time I already wanted to work in public spaces. Because I wanted to work like that I went to Italy to study frescoes and wall-painting. I wanted to work for society, for people, to be in the middle of things and to react to human existence. That was at the beginning, and I had many ideas. For instance, I thought that if I put on an exhibition I would do so in a shop window

in Tel Aviv's main street – and not in a gallery – so that people would walk by and see!

On the other hand, my works were never a direct reaction to political events. They weren't posters calling on people to demonstrate or protest against this or that. I couldn't do such things even if I'd wanted to since I recognized that wouldn't be good art. I know there are some artists who are capable of that, such as George Grosz. Even Beuys did that in his way. But I didn't have that ability. My works were never political statements. Only the titles I sometimes gave them had a political message, mainly on behalf of peace but sometimes even more general themes. There were also conceptual texts as at the Venice Biennale where I wrote "Olive Trees Should Be Our Borders". On the wall I wrote: "I was born on the dunes of the Mediterranean coast. With my naked feet I perceived for the first time the forms which nature imprints on the earth, the sand. 1. soft 2. hard / 1. round 2. pointed /

Sand aufprägt. 1. weich 2. hart / 1. rund 2. spitz / 1. heiß 2. kalt / 1. feucht 2. trocken. Meine Fußabdrücke im Sand waren meine ersten Skulpturen. Das Licht der Sonne hat sie entdeckt. Ich bin auf den Dünen großgeworden, mit nackten Füßen. Nach dem zweiten Weltkrieg sind meine Eltern hier an diesem Ort angekommen, mit nackten Füßen. Ihre Familie war zurückgeblieben. Von den Nazis getötet. Ich habe diesen Pavillon dem Frieden gewidmet. Dem Frieden zwischen den Israelis und den Arabern. Damit der Frieden regiert über den weißen Dünen, auf denen wir gemeinsam großgeworden sind. Damit sie nie mehr dunkel werden von unserem Blut."

Der Text wirkte, gegenüber der Kunst, in gewisser Weise unverbunden, unvermittelt, ein bewußter Kontrast. So auch in einer Ausstellung in Tel Aviv, wo ich konzeptuelle Texte zum Thema Frieden mit meinen Arbeiten kombinierte, die wiederum aber keine Illustrationen zu den Texten waren. In dem Buch „Schalom" – Frieden – , das ich für meinen Freund Lova Eliav illustriert habe, einem Buch über die Bedeutung des Friedens in der jüdischen Tradition von biblischer Zeit bis heute, habe ich keinesfalls realistische Zeichnungen verfaßt, etwa von der Taube mit dem Ölzweig. Ich blieb streng konzeptuell.

Ich glaube also nicht, daß ich illustrativ arbeiten könnte, es sieht für mich irgendwie falsch aus. Andere Künstler können so etwas sehr gut, ich aber nicht. Und wenn mich die Menschen fragen, was ich eigentlich mache, weiß ich das nicht. Manche versuchen meine Arbeiten zu übersetzen, zu interpretieren. Sie sagen, da Dani Karavan mit harmonischen Materialien arbeitet, symbolisieren seine Arbeiten den Frieden. Aber das ist nicht mein Ansatz, ich nehme keinen weißen Beton oder Wasser oder Bäume um den Frieden zu beschreiben, absolut nicht, niemals. Den Olivenbaum verstehe ich zwar als ein symbolisches Element, aber mehr als Material, um zu zeigen, daß jeder Gegenstand als künstlerisches Material benutzt werden kann, Sand ebenso wie ein Baum.

Übrigens habe ich anfangs andere Pflanzen benutzt. Bei der Gestaltung des Innenhofs im Justizpalast in Tel Aviv verwendete ich zwei Arten sehr niedrig wachsender Pflanzen. Zu diesem frühen Zeitpunkt, Anfang der 60er Jahre, wurde die Verwendung von Pflanzen sofort als Landschaftsgestaltung und nicht als Kunst interpretiert. Das zweite Mal, beim Negev-

1. hot 2. cold / 1. moist 2. dry. My footprints in the sand were my first sculptures. The light of the sun discovered them. I grew up on the dunes, with naked feet. After World War II my parents arrived here, barefooted. Their family had been left behind. Killed by the Nazis. I have dedicated this pavilion to peace. Peace between Israelis and Arabs. So that peace may reign over the white dunes on which we grew up together. So that they may never again be darkened with our blood".

Alongside the art the text seemed somewhat disconnected, abrupt – a deliberate contrast. That was also the case in an exhibition at Tel Aviv where I combined conceptual texts on peace with my works, which again were not illustrations of those texts. In my illustrations for *Shalom*, a book by my friend Lova Eliav on the meaning of peace in the Jewish tradition from biblical times to the present day, I didn't produce realistic drawings either – say of the dove and the olive branch. I remained strictly conceptual.

So I don't think that I could work illustratively. Somehow that looks false to me. Other artists can do that very well, but not me. And when people ask me what I am up to, I don't know. Some attempt to translate my works, to interpret them. They say that since Dani Karavan works with harmonious materials his works symbolize peace. But that is not my approach. I don't use white concrete or water or trees so as to describe peace – absolutely not, never. I may understand the olive tree as a symbolic element, but more as material so as to show that any object can be used as artistic material. You can use sand, you can use a tree.

In the beginning I also used other plants. When producing a work for the inner courtyard at the palace of justice in Tel Aviv, I used two kinds of very low vegetation. At that early period, at the start of the sixties, use of plants was immediately viewed as land-

Monument, das 1963 begonnen und 1968 fertiggestellt wurde, pflanzte ich einen Baum, eine Wüstenakazie, die wir „Tzeela" nennen. Sie war Teil des Gesamtkunstwerks, so wie der Beton, das Licht, der Wind und das Wasser. Den Olivenbaum habe ich das erste Mal bei der Biennale 1976 eingesetzt, und er wurde danach wie der weiße Beton oder das Wasser zu einem meiner Arbeitsmaterialien.

In Tel Aviv, in dem Platz „White Square", ist der Olivenbaum als organische Form ein Kontrapunkt zu den geometrischen Elementen. Es war eine künstlerische Notwendigkeit, ihn in die Arbeit zu integrieren; ebenso wollte ich die Umgebung, den Park, einbeziehen, damit der Platz nicht wie ein Fremdkörper in der Natur wirkt. Deshalb zitierte ich den Park mit der Grasfläche, die ich integriert habe, und auch mit dem Baum.

I. SCHEURMANN: *Du möchtest nichts illustrieren, und auch in Portbou hast Du nicht die Erfahrungen und die Erinnerungen der Emigranten illustriert. Es war für mich faszinierend zu sehen, wie der Gedenkort „Passagen" trotzdem die Menschen bewegt hat, die zur Eröffnung kamen. Besonderen Eindruck machte Deine Arbeit auf die Vertreter des Exils und diejenigen,*

die Walter Benjamin persönlich gekannt hatten. Ich denke, es muß für Dich ein besonderer Augenblick gewesen sein, als Du mit Lisa Fittko in den Korridor hinuntergegangen bist.

KARAVAN: Ja, das war ein einmaliger und bewegender Moment für mich. Was Du über die Wirkung des Gedenkortes sagst, hat auch mich überrascht, zumal die Tatsache, daß manche, die hinuntergegangen sind, mir von einem Gefühl der Beklemmung berichtet haben, das sie im Korridor befallen hat. Ich habe etwas Derartiges nie empfunden, vielleicht weil ich seit Beginn der Bauarbeiten immer wieder hinuntergegangen bin.

K. SCHEURMANN: *Dazu möchte ich noch etwas fragen. Du sagtest vorhin, ohne die Abdeckung sei der Tunnel eher eine Skulptur, mit der Abdeckung dagegen ein Instrument dafür, etwas Wesentliches sichtbar zu machen. Gab es nicht anfangs beim ersten Modell, das wir in Portbou gezeigt haben, die Idee, den Korridor offen und aus dem Hang herausragen zu lassen?*

KARAVAN: Nein, nein. Das war ein Fehler des ersten Modells, das hatte ich niemals vor. Als wir das Projekt zum erstenmal in Portbou präsentierten, zur Grundsteinlegung am 50. Todestag

scapeing rather than art. On the second occasion, with the Negev monument started in 1963 and completed in 1968, I planted a desert acacia which we call *tzeela*. It was part of the overall work – like the concrete, the light, the wind, and the water. I first used the olive tree at the 1976 Biennale, and after that it became part of my working materials like white concrete or water.

In White Square at Tev Aviv the olive tree, as an organic form, counterpoints the geometric elements. It was artistically necessary to integrate this tree in the work. In the same way I wanted to incorporate the surroundings, the park, so that the square was not completely unconnected with nature. That is why I referred to the park with the patch of grass and the tree.

I. SCHEURMANN: *Even though you don't want to illustrate anything, and at Portbou you haven't illustrated emigrants' experiences and memories, I was fascinated to see how the "Passages" memorial moved people*

who came to the opening, especially those invited as representatives of exile – above all those who had known Walter Benjamin in person. It must have been a special moment for you to go down the corridor with Lisa Fittko.

KARAVAN: Yes, it was a unique and moving moment for me. What you say about the impact of the memorial also surprised me – especially the fact that some people who descended felt uneasy in the corridor. I never felt anything like that, perhaps because I had been down time and again since construction got under way.

K. SCHEURMANN: *I'd like to ask something in that connection. You said before that without the roof the corridor was more like a sculpture, but with it an instrument for making visible something essential. But in the first model, shown in Portbou, wasn't there the idea of leaving the corridor open and projecting out of the mountain-side?*

KARAVAN No, no. That was a mistake in the first

von Walter Benjamin, war die Planung noch nicht abgeschlossen, ich arbeitete noch an den Grundlagen. Aber wir sollten das Projekt ja an diesem Jahrestag der Öffentlichkeit vorstellen, obwohl das für mich eigentlich zu früh war. Deshalb mußte ich vor Ort noch am Modell arbeiten, um mit den Wänden und der Treppe, die ich schnell modellierte, zu demonstrieren, daß dort eine Art Korridor entstehen sollte. Ich wollte den Korridor nie herausragen lassen, anders hätte das eher wie ein großes Gebäude gewirkt. Ich war mir immer absolut sicher, ihn in die Erde, in den Berg zu verlegen, um so den Eindruck eines Einschnitts zu erreichen. Was ich zu diesem Zeitpunkt aber noch nicht wußte, war, ob ich den Korridor abdecken würde und wie weit das dann reichen sollte. Das alles hing ja auch von tech-

nischen und konstruktiven Fragen ab, z. B. von dem Gefälle des Hangs, der Beschaffenheit des Felsens, der Konstruktion des Fundaments und vielem anderen mehr.

K. SCHEURMANN: *Kann es sein, daß diese Abdeckung des Tunnels dieses Gefühl, von dem wir eben sprachen, auslöst? Als Du Dich entschieden hast, den Korridor so zu gestalten, hast Du geahnt, wie sich ein Besucher fühlt, der ihn betritt, daß z. B. dieses Gefühl der Beklemmung auftreten kann?*

KARAVAN: Nein, ich konnte nicht wissen, daß gerade der Korridor in dieser Form die Besucher so stark berühren würde. Ich kann nicht wissen, was die Menschen letztendlich fühlen werden, und ich möchte hier auch den Eindruck vermeiden, daß ich, bevor ich eine Arbeit realisiere, weiß, wie sie etwa

model. I never planned that. When we presented the project in Portbou for the first time and the foundation stone was laid to mark the 50th anniversary of Walter Benjamin's death, planning wasn't complete and I was still working on the basic elements. But we had to present the project to the public on that occasion, even though that was really too soon for me. So I still had to work on the model on the spot so as to demonstrate, with quickly modelled walls and steps, that a kind of corridor would be constructed there. I never wanted the corridor to project because it would then have been like a big building. I was always absolutely sure

that it had to be in the earth, in the mountain, to have this impact. What I did not yet know at that moment was whether I would roof over the corridor and how far that should extend. That also depended on technical and constructional matters such as the incline of the slope, the nature of the rock, the laying of the foundation, and much besides.

K. SCHEURMANN: *Might it be that this roofing over of the tunnel sparked off the feeling we were just talking about? When you decided to cover the tunnel, did you have any idea how a visitor entering it would feel – inclusive of the possibility of uneasiness?*

später auf die Menschen wirkt, wie diese sich fühlen oder gar wie sie physisch reagieren werden. Ich möchte das auch nicht wissen. Das würde mich zu sehr beeinflussen, ja sogar einengen.

Vielleicht gibt es, wie Deine Frage andeutet, unbewußte Prozesse, die in die Gestaltung einfließen. Aber darüber denke ich eigentlich nicht nach. Ich entschied in Portbou eigentlich viel formaler – einerseits. Die Menschen sollten den Tunnel betreten, erst das Meer und dann den offenen Himmel sehen, diesen besonderen Kontrast. Mehr Details habe ich nicht festgelegt und habe das auch nicht bis ins letzte ausgerechnet. Ich habe auch nicht jede Perspektive gezeichnet, auch nicht mit Computern gearbeitet, um festzustellen, was ein Besucher von jedem unterschiedlichen Blickwinkel aus sehen könnte.

Ich glaube nicht an solche Berechnungen und mache das auch nicht gerne, höchstens wenn Architekten darauf bestehen. Andererseits arbeite ich aus dem Gefühl heraus. Ich spürte, genau so müßte die gesamte Konstruktion sein, entdeckte, daß ich die Besucher nur auf das Meer konzentrieren muß, um sie plötzlich erleben zu lassen, daß sie sich, ausgelöst durch die Bewegung des Meeres, selbst mit dem Korridor bewegen. Mit diesem Gefühl sollen sie dann den Tunnel hinuntergehen und plötzlich wieder den Himmel und dann den Berg sehen. Dieser Berg ist sehr wichtig für den Gesamteindruck. Wiederum wollte ich aber auch nicht, daß sie zuviel von der Umgebung wahrnehmen und wieder abgelenkt würden; ich wollte ihnen nur ganz präzis etwas Bestimmtes zeigen. Für dieses

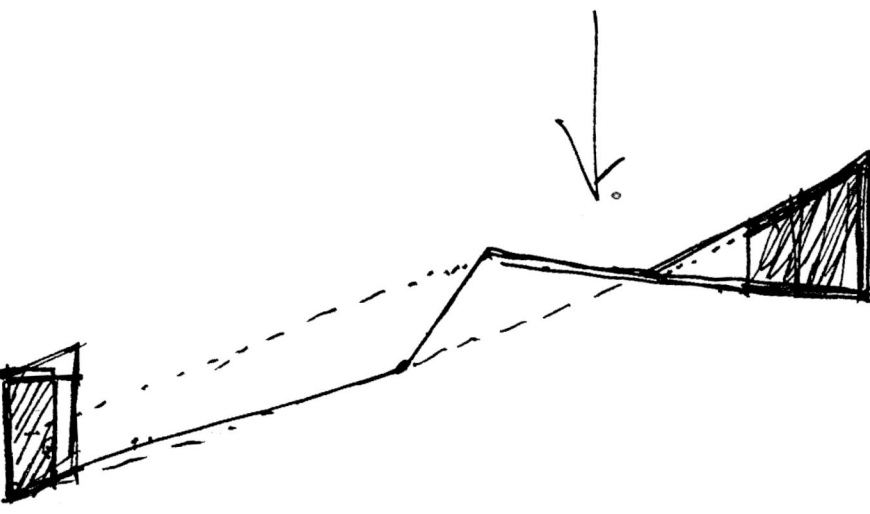

KARAVAN: No, I couldn't know that the tunnel in this particular form would move visitors so strongly. I can't know what people will feel. I don't want to convey the impression that I know, before a work is created, how it will affect people later – how they will feel or even react physically. I don't want to know that either. That would influence me too much, even constrain me.

Perhaps, as your question suggests, there are unconscious processes influencing creation. But I never think about those things. My decisions in Portbou were of a much more formal nature. The idea was that people should enter the tunnel, and first see the sea and the open sky as particular contrasts. I didn't go into greater detail or calculate everything. I didn't draw every perspective or work with computers to determine what a visitor could see from every different angle. I don't believe in such calculations and don't like doing them. I only do them when architects insist. I work according to my intuition. I felt that the entire construction had to be just so. I discovered that I had to make visitors focus on the sea so that they would suddenly experience themselves moving with the corridor, impelled by the movement of the sea. The idea was that this feeling should accompany them down the tunnel, and

Skizzen als Mittel des Dialogs:
Arbeitszeichnungen zur Lage des Korridors

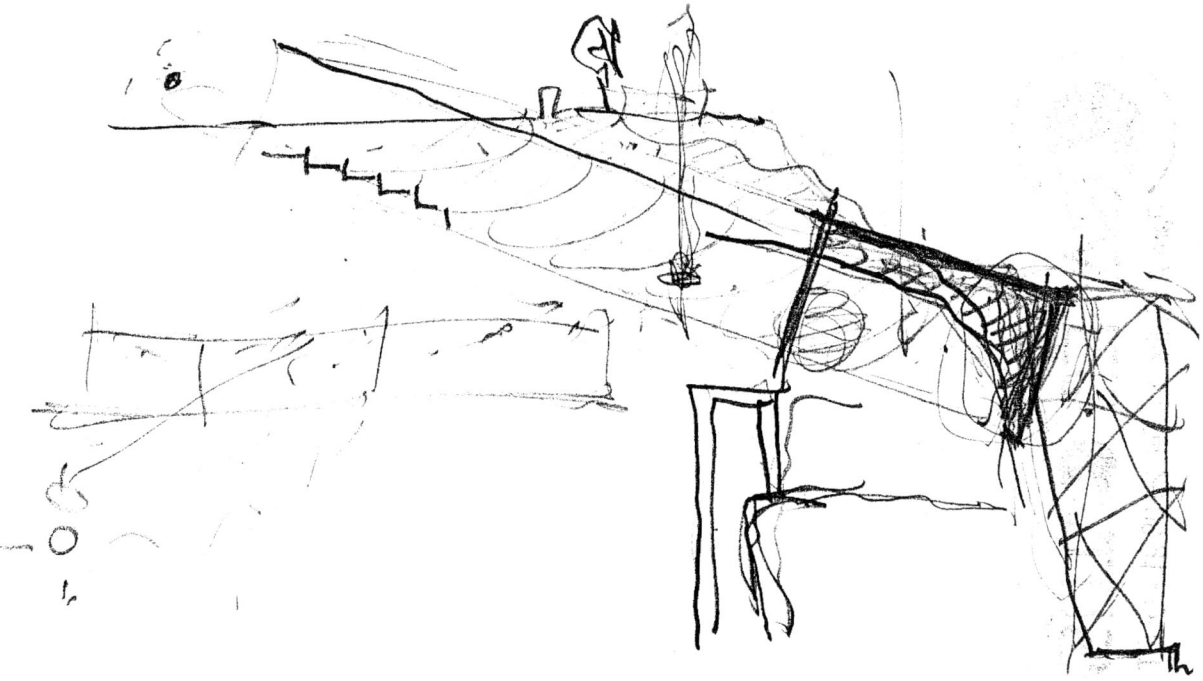

Sketches as a means of dialogue:
Drawings positioning the corridor

Sehen „wie durch eine Linse" mußte ich die Maße und Perspektiven finden, den Ausschnitt genau bestimmen. Und trotzdem blieb danach noch vieles offen, ergab sich aus der Situation, die manches für mich geschaffen und bestimmt hat.

K. SCHEURMANN: *Aber woher rührt dieses Gefühl der Beklemmung, was löst es aus? Gibt es außer dem Sehen, dem optischen Verstehen, nicht auch eine andere Ebene des Verstehens?*

KARAVAN: Ich kann das nicht genau definieren, und ich sehe es eigentlich auch nicht als meine Aufgabe an, Definitionen vorzugeben. Ich bin aber sehr wohl äußerst zufrieden damit, daß meine Arbeit ihre Wirkung erreicht, und zwar sehr viel mehr, als ich erwartet habe. Wie und wie stark beeindruckt die Menschen reagieren, beweist mir, daß diese Arbeit das ausdrückt, was ich mit ihr vermitteln wollte.

Nehmt z. B. diese Dame aus Ostdeutschland, eine Künstlerin, die am Morgen nach der Eröffnung mit drei Freunden zum Gedenkort kam, um zu fotografieren und zu filmen. Sie saß allein auf der Plattform, und als sie mich sah, sagte sie zu mir: „Jetzt verstehe ich Ihre Arbeit, gestern waren zu viele Leute da. Jetzt, wo ich hier sitze, verstehe ich den Wind und all die Geräusche. Jetzt, allein, meditierend, verstehe ich auch die Bedeutung des Zauns." Sie verstand das Werk also auf ihre Art. Ich habe sie nicht gefragt, wie, bat sie nicht um eine Erklärung. Jeder wird die Arbeit auf seine Weise begreifen, jeder wird etwas anderes finden und jeder wird sie aus seiner eigenen Biographie heraus verstehen. Und diejenigen, die nichts mehr mit dem Krieg und dem Holocaust verbindet oder die nur sehr wenig oder nichts darüber wissen, werden wieder etwas anderes in der Arbeit sehen. Ich hoffe auch, daß sie etwas anderes sehen. Denn meine Arbeit soll ja nicht eingegrenzt sein, sondern ich halte sie für thematisch offen und hoffe, daß sie Antworten geben kann auf die unterschiedlichsten Fragen und Reaktionen. Die Japaner z. B., die ganz berührt von dieser Arbeit sind, haben bestimmt ganz andere Gefühle und Reaktionen als die Menschen hier. Wenn man sie fragen würde, würden sie uns andere, neue Antworten geben, vielleicht weil sie etwas ganz anderes erkannt haben.

I. SCHEURMANN: *Inwieweit hat Deine Arbeit in Portbou Deine Einstellung zu Walter Benjamin verändert?*

KARAVAN: Nun, es versteht sich, daß ich jetzt viel mehr über

then they should suddenly see the sky again and the mountain. This mountain is very important for the overall impression. However, I didn't want them to see too much of the surroundings and be distracted. I only wanted to show them something specific – with great precision. For such "seeing through a lens" I had to find measurements and perspectives that created an accurate frame. And yet many things still remained open, arising out of the situation created by the circumstances.

K. SCHEURMANN: *But what sparks off this feeling of unease? Isn't there another level of understanding apart from seeing and optical comprehension?*

KARAVAN: I can't define that precisely, and I don't see it as my task to put forward definitions. However, I'm extremely satisfied that my work has had a very much greater impact than I expected. The way people react shows me that this work expresses what I wanted to mediate.

For instance, there was a woman from East Germany, an artist, who on the morning after the opening came with three friends to photograph and to film. She was sitting alone on the platform, and when she saw me she said: "Now I understand your work. Yesterday there were too many people here. Now as I sit here I understand the wind, all the sounds. Now, alone, meditating, I also understand the meaning of the fence". So she understood the work in her way. I didn't ask her how, or request an explanation. Everyone will understand the work in their own way; everyone will find something different, comprehending it in terms of their own biography. People who have no connection with the war and the holocaust, or know little or nothing about them, will see other things in the work. I even hope that is the case. My work is not supposed to be limited; I think that it's thematically open and hope it can provide answers to a wide range of questions and reactions. The Japanese, for instance, are very

ihn weiß als vorher. Ich schätze seine Persönlichkeit, besonders seine Philosophie mehr und mehr, denn ich sehe, was für ein Pionier des Denkens und Schreibens er in unserem Jahrhundert war. Und ich verstehe, warum er so bedeutend geworden ist, und habe erkannt, daß er dies nicht wegen der Legende seines Lebens wurde, sondern durch das, was er zu sagen hatte.

Kürzlich hatte ich ein langes Gespräch mit Idith Zartal, einer israelischen Historikerin, die gerade ihre Doktorarbeit über den Exodus der Juden von Europa nach Israel nach dem Krieg schreibt. Diese basiert, wie sie sagte, völlig auf den Ideen Walter Benjamins, indem sie die Benjaminsche Betrachtung von Helden und Benjamins Blick auf die Geschichte zugrunde legt.

Ich denke aber noch an etwas anderes, an den Zusammenbruch des Marxismus, und ich meine hier den falschen Marxismus. Die Art, wie Benjamin den Marxismus sehr eigenständig beschrieb und analysierte, sehr unterschiedlich gegenüber anderen, antwortet vielleicht heute, gerade heute, auf zahlreiche Fragen und Bedürfnisse von Menschen, die verstehen wollen, was geschehen ist und warum das alles geschehen

konnte. Sie beantwortet vielleicht, ob der Marxismus wirklich ein Fehlschlag oder Schwindel ist, oder ob diese Idee für falsche Ziele benutzt worden ist, sichtbar an dem, was sich in den vergangenen Jahrzehnten ereignet hat. Benjamin benutzt den Begriff Marxismus auf eine kreative Weise und nicht dogmatisch, er zeigt Möglichkeiten auf, ihn als etwas Offenes zu verstehen und nicht als eine Art dogmatisierter neuer Kirche. Hätte ich den Auftrag für den Gedenkort nicht übernommen, hätte ich mich vielleicht nicht tiefergehend mit Benjamins philosophischen Arbeiten auseinandergesetzt. Das ist mir heute durchaus klar.

Ich bin auch überrascht zu sehen, welche Bedeutung Benjamin heute immer noch überall auf der Welt gewinnt, auch wenn Adorno scheinbar leichter zu verstehen ist – einfacher erscheint durch die Art seines Schreibens und seine klaren Definitionen.

I. SCHEURMANN: *Aber vielleicht ist die Realität auch nicht so klar, sondern eher so, wie Benjamin sie sah?*

KARAVAN: Exakt. Wir haben entdeckt, daß die Realität viel komplizierter ist. Es gibt kein Schwarz oder Weiß, es gibt keine

touched by this work, and certainly have very different feelings and reactions to the people here. If you were to ask them, they would give new answers, perhaps because they have recognized something completely different.

I. SCHEURMANN: *How much has your work in Portbou changed your views about Walter Benjamin?*

KARAVAN: Obviously I know much more about him now than I did before. I increasingly appreciate his personality, and especially his philosophy, since I see what a pioneer he was in our century's thinking and writing. And I understand why he became so important through what he said rather than because of the legend surrounding his life.

Recently I had a long talk with Idith Zartal, an Israeli historian now writing a doctorial thesis on the post-war exodus of European Jews to Israel. She told me that this thesis is completely founded on Walter Benjamin's ideas about heroes and history.

But I am thinking of something else, of the collapse of Marxism – by which I mean false Marxism. The very individual and original way in which Benjamin wrote about and analyzed Marxism perhaps answers – and particularly today – the many questions and needs of people who want to understand what has happened and how that was possible. It perhaps answers the question of whether Marxism was really a failure and a swindle, or whether this idea was used in the wrong way as revealed in what happened in recent decades. Benjamin deployed the idea of Marxism creatively and undogmatically. He indicated possibilities of understanding it as something open rather than a dogmatic form of some new church. If I hadn't taken on the commission for the memorial site, I wouldn't perhaps have devoted so much attention to Benjamin's philosophical works. That is absolutely clear to me today.

I'm also surprised to see the increasing importance being attributed to Benjamin all over the world today, even though Adorno seems to be easier to understand – because of the way he writes and his clear definitions.

scharfen Trennungslinien, immer mischt sich etwas mit dem anderen, ob es sich um Ideen, Stoffe oder Flüssigkeiten handelt. Das erkannt und formuliert zu haben, macht unter anderem Benjamins Bedeutung aus.

I. SCHEURMANN: *Diese Gedanken führen mich wieder zum Gedenkort zurück. Ziemlich gegen Ende des Projektes hast Du zum ersten Mal den Rundweg erwähnt. Ich bin nicht sicher, ob ich mich richtig erinnere, aber anfangs hatten wir immer nur über die „Passage" bis zur Plattform hinter dem Friedhof geredet, aber nie über den Rundweg. Mit dem Einbeziehen des rückwärtigen Eingangs und des Weges durch den Friedhof hast Du aber schließlich die Arbeit geöffnet und sowohl Benjamins Biographie als auch die Geschichte des Ortes Portbou integriert. Was hat Dich Dein Konzept verändern lassen?*

KARAVAN: Die geänderten Gegebenheiten. Zu Anfang unseres Projekts war der obere, der hintere Eingang des Friedhofs verschlossen, zugemauert. Es war nicht vorherzusehen, daß man dort einmal hineingehen können würde. Geplant war also nur der Weg, die „Passage" bis zur hinteren Plattform und zurück. Der Gedenkort hätte auch so bleiben können, er hätte

auch mit diesem Hin und Zurück seine Aussage erreicht. Die drei Elemente ergaben sich aus der Situation – Korridor, Olivenbaum, Plattform – nach mehr habe ich nicht Ausschau gehalten. Als nun aber der obere Eingang geöffnet wurde, lag es doch auf der Hand, den Weg weiterzuführen. Es wäre ein Fehler gewesen, es nicht zu tun. Ich habe von dieser neuen Gegebenheit doch nur profitiert. Wie ich schon sagte – mein Arbeitsmaterial ist die jeweilige Situation und die sich aus ihr ergebenden Möglichkeiten. Hier galt die erste Konzeption so lange, bis sich die neue Situation auftat. Vielleicht werden sich auch in Zukunft noch Änderungen ergeben, obwohl ich das im Moment eigentlich nicht sehe.

Und ich glaube, die Besucher hätten die Änderung selbst in Gang gesetzt, wenn ich den Rundweg nicht vorgeschlagen hätte. Nicht jedermann, aber einige wären an der Plattform vorbei weitergegangen und hätten den oberen Eingang entdeckt und so den Rundweg initiiert. Diesen zu erschließen lag also auf der Hand, es lag in der Natur der Dinge.

I. SCHEURMANN: *Beeindruckend für mich ist, daß diese Selbstverständlichkeit des Umgangs durch ein abstraktes Kunstwerk*

I. SCHEURMANN: *Perhaps reality isn't that clear, but rather as Benjamin saw it?*

KARAVAN: Exactly. We have discovered that reality is much more complicated. There's no black or white, no sharp divisions. Things always merge whether they be ideas, materials, or liquids. Having recognized and expressed that is one aspect of Benjamin's importance.

I. SCHEURMANN: *Those ideas take me back to the memorial. Only towards the end of the project did you mention the walk-way for the first time. I'm not quite sure whether I remember rightly, but to begin with we only talked about the "Passage" to the platform behind the cemetery, but never about a circuit. But finally you opened up the work by incorporating the rear entrance and the way through the cemetery, thereby integrating both Benjamin's biography and the history of Portbou. What made you change your concept?*

KARAVAN: Changed circumstances. At the start of our project, the upper rear entrance to the cemetery

was closed, walled up. It was not to be predicted that you would be able to go through it at some stage. So plans only provided for the path, the "Passage" to the rear platform and back again. Indeed the memorial could have remained like that, would have made its statement with the path to the platform and back again. The three elements – corridor, olive tree, platform – arose out of the situation, and I didn't look for more. But when the upper entrance was opened, continuing the way was the obvious thing to do. It would have been a mistake not to do so. I profited from this new situation. As I said before, my material is the situation and its possibilities. Here the initial concept prevailed until the new situation arose. Maybe in the future other changes will occur, although I don't see that at present.

I think visitors would have implemented the change themselves if I hadn't proposed the walk-way. Not everyone, but some would have gone beyond the platform and discovered the upper entrance, thus initiating

initiiert wird. Es ist Walter Benjamin und den namenlosen Exilierten gewidmet, wie das Zitat auf der Glasscheibe unten im Korridor besagt. Wenn man dem Rundweg folgt, nähert man sich Walter Benjamin immer stärker an. Man sieht die Grabnische, in der er vorübergehend beigesetzt worden ist, später den Erinnerungsstein der Gemeinde, auf dem eine seiner geschichtsphilosophischen Thesen steht, dann geht man zurück in die Stadt, in der er ums Leben kam. Man erlebt eine Art Annäherung an die Geschichte – man beginnt bei etwas Abstraktem und endet bei etwas sehr Individuellem. Alles zusammen fügt sich für mich zu einer überzeugenden Lösung.

KARAVAN: Weißt Du, manchmal liegen in einem Werk große Chancen. Manchmal aber arbeitet die Situation gegen einen – dann muß man aufgeben – man kann nicht schöpferisch arbeiten gegen die Bedingungen. Das entspricht mir auch nicht. Dann muß man bereit sein, zu ändern, die Chance zu entdecken. Erinnert Euch, was ich Euch über die beiden Bäume in Gurs erzählt habe, wo ich die Erinnerungsstätte für das Internierungslager gestaltet habe. Diese beiden Bäume standen der Schiene, die ich zwischen den beiden Hauptele-

menten verlegen wollte, im Wege. Die Entscheidung schien zu sein, die Schiene wegzulassen oder die Bäume zu fällen. Die Chance war aber, daß die Bäume der Schiene im Weg sind, daß sie die Deportation in den Tod aufhalten. Die Schiene ist ein Zitat, ein Element der Erinnerung, das die Gegenwart respektiert und integriert, das Leben respektiert und damit das Leben der Opfer erinnert. Ich versuche also von dem zu profitieren, was schon da ist. So war es auch in Portbou. Ich glaube, daß ich dort das Maximum erreicht habe, indem ich das herausschälte, was Ort und Situation hergaben, ein Maximum dessen, was wirklich die Vorstellungen, Gefühle und Gedanken der Menschen bewegt.

I. SCHEURMANN: *Kommt es oft vor, daß Du Dich nach Abschluß einer Arbeit an den Planungen für Aktivitäten rund um Dein Werk beteiligst? Wir haben oft darüber gesprochen, welche Veranstaltungen man in den folgenden Jahren in Portbou, z. B. zum Todestag von Benjamin, vorbereiten könnte, und darüber, ob eine Benjamin-Stiftung sinnvoll wäre. Genauso wie wir oder die Menschen in Portbou scheinst Du daran interessiert zu sein, einen Ort für Gespräche zu entwickeln, für Diskus-*

the circuit. Opening that up was obvious; it was in the nature of things.

I. SCHEURMANN: *For me it's impressive that this matter of course — way of behaving is initiated by an abstract work of art. It is dedicated to Walter Benjamin and to the nameless exiles – as you can read on the glass screen down the corridor. As you follow the round-tour, you get ever closer to Walter Benjamin. You see the niche in which he was temporarily buried, then the community's commemorative stone bearing a quotation from his* Theses on the Philosophy of History, *and finally you return to the town where he died. You experience a kind of approach to history, beginning with something abstract and ending with something very individual. For me all that forms a convincing solution.*

KARAVAN: Look, sometimes there are great opportunities within a work. But sometimes the situation works against you. Then you have to give up; you can't work creatively against the circumstances. That

is not how I operate either. Then you have to be prepared to change something and to discover your chance. Remember what I told you about the two trees at Gurs where I set up a memorial to the former internment camp. Those two trees were in the way of the rails I wanted to lay between the two main elements. The choice seemed to be between abandoning the rails or cutting down the trees. Yet my opportunity was to interrupt the rails for the trees, thus showing that the rails were a citation, an element of memory, respecting and integrating the present day – respecting life and thus bringing to mind the lives of the victims. So I try to profit from what is already there. That was also the case in Portbou. I think I achieved the maximum possible there by digging out what the place and situation had to give, the maximum of what really touches people's imaginations, feelings, and ideas.

I. SCHEURMANN: *Does it often happen that after you have concluded a work you take part in planning activities sparked off by your project? For instance, we*

sionen über Benjamin und die Kunst, über Exil und Emigration. Künstler, Wissenschaftler und Kulturleute sollen im Rahmen von Ausstellungen, Performances oder Konzerten dorthin eingeladen werden. Ich kann mir vorstellen, daß Du so etwas nur bei wenigen Deiner Projekte planen konntest?

KARAVAN: Richtig. Es macht auch nur bei manchen meiner Arbeiten einen Sinn.

In Tel Aviv z. B. plante ich ein kleines Amphitheater, in dem, wie ich hoffte, Theaterperformances stattfinden könnten. Meiner Meinung nach ist das nicht genügend genutzt worden.

Auch in Cergy-Pontoise habe ich Räume für Performances geschaffen, weil ich es aus konzeptionellen Gründen für richtig halte, daß dort welche veranstaltet werden. Einige wurden auch bereits aufgeführt, große Konzerte z. B., und das wird auch weitergeführt. In Zukunft, wenn die „Axe Majeure" einmal fertig ist – hoffentlich schaffe ich das noch zu meinen Lebzeiten –, würde ich dort gerne eine große Veranstaltung inszenieren, die die Achse in ihrer gesamten Erstreckung nutzt. Eine Performance, vielleicht mit Hubschraubern, mit Orchestern, überall Menschen, die das gesamte Environment durchqueren.

Ich stelle mir den Tag so vor, wie die mittelalterlichen Mysterienspiele. Einmal im Jahr wird man künftig vielleicht nach Cergy-Pontoise kommen, alle Ebenen werden einbezogen sein, überall wird es Veranstaltungen geben: auf der Insel, bei der Pyramide, auf dem Wasser und im Amphitheater. Ich komme ja auch vom Theater her, denke also schon über solche Elemente meiner Arbeit nach. Aber nicht überall ist es möglich, so etwas zu realisieren, und manchmal macht es auch keinen Sinn, weil es eben nicht zu dem bestimmten Werk paßt.

Auch in Horgen, wo ich ein völlig abstraktes Projekt entwickelt habe für einen Ort, der „Dorfplatz" heißt, obwohl es dort weder ein Dorf noch einen Platz gibt – aber das Kunstwerk heißt jetzt nun mal so: Dorfplatz –, auch dort errichte ich ein kleines Amphitheater, zu dem mich ein Gebäude inspiriert hat, das eine Art Bühne bildet, die mich an die Shakespearesche Bühne erinnert. Deshalb empfand ich ein solches Amphitheater als notwendiges Gestaltungselement.

Beim Negev-Monument hatte ich über Theater oder Inszenierungen nie nachgedacht. Für mich stellt der Ort selbst die Kulisse dar, in der die Menschen, die ihn betreten, eine Art

have often talked about the kind of events that could be held at Portbou, marking the anniversary of Benjamin's death in the years ahead, and about the possibility of establishing a Benjamin foundation. You – like us and the people of Portbou – seem to be interested in developing a meeting–place there for discussions about Benjamin and art, about exile and emigration. Ideas exist for inviting artists, scholars, and experts in culture, and putting on exhibitions, performances, or concerts. I imagine that you haven't been able to plan such possibilities in many of your projects.

KARAVAN: That's right – but it only makes sense in some of my works. In Tel Aviv, for instance, I planned a little amphitheatre where I hoped theatre performances could take place. In my opinion that hasn't been sufficiently used.

At Cergy-Pontoise too I created areas for performances because that seemed conceptually right. There've already been a number of big concerts and that will

continue. At some time in the future when the *Axe Majeure* is ready – and I hope it's completed in my lifetime – I would like to stage a big event there, utilizing the axis in its full extent. Perhaps a performance with helicopters, orchestras, and people moving around the entire environment. I imagine such a day as being like mediaeval mystery plays. Perhaps in future people will come to Cergy–Pontoise once a year. All levels will be at work and there will be events everywhere – on the island, at the pyramid, on the water, and in the amphitheatre. I come from theatre, so I do think about such elements in my creations. But it isn't possible to implement such projects everywhere. Sometimes there's no point because that simply doesn't go with a certain work.

In Horgen too – where I've created a completely abstract work for a place known as *Dorfplatz* even though there's neither a village nor a square, but that's what the work is called – I am making a little amphitheatre, inspired by a building which forms a kind of

Performance aufführen, füreinander. Die meisten meiner Arbeiten schaffen den Raum für diese Art Performance, bei der die Menschen in der Kulisse agieren, die ich ihnen anbiete. Sie gehen, sie stehen, sie betrachten – sie bewegen sich anders als im täglichen Leben.

I. SCHEURMANN: *Sie sind als ein Element integriert.*

KARAVAN: Ja, deshalb glaube ich, daß mein Werk auf eine bestimmte Art figurativ ist, denn ohne die Menschen existiert es nicht. Die einzelnen Platzgestaltungen sind nichts, was nur zum Anschauen da ist, sondern man muß sich hineinbegeben, man muß ein Teil von ihnen werden. Und es ist gut, wenn jemand, der hinkommt, auch andere Besucher sieht, die sich darin bewegen, manchmal viele, manchmal wenige. Hier in Portbou ist es besser, wenigen Personen zu begegnen, im Unterschied zu Cergy-Pontoise, wo die Arbeit erst durch viele Besucher lebt. Wie gesagt, jedes Werk stellt andere Anforderungen.

Ich denke nicht, daß in Portbou über das ganze Jahr verteilt Veranstaltungen stattfinden sollten, sondern nur einmal im Jahr, verbunden mit dem Todestag von Walter Benjamin,

im September also. Dieser 26. September sollte übrigens zu einem Gedenktag für alle Flüchtlinge werden, die versucht haben, diese Grenze, erfolgreich oder nicht, zu überqueren. Und vielleicht nicht nur für diese, sondern auch für die republikanischen Flüchtlinge, die versucht haben, über diese Grenze vor dem Franco-Regime zu fliehen.

I. SCHEURMANN: *Eine solche Veranstaltung soll aber mehr sein als Theater oder Performance. Was Du und was wir in Portbou zu tun beabsichtigen, hat auch eine politische Intention. Wir wollen mit Menschen aus unterschiedlichen Ländern und unterschiedlichen Berufen über die Probleme von Grenzen, von Toleranz, von Emigration und Ausländerfeindlichkeit diskutieren. Dies ähnelt meines Erachtens eher der Zielsetzung von Nürnberg.*

KARAVAN: Ich denke in Portbou nicht an Performances im speziellen Sinn, sondern eher an Veranstaltungen, die schon politisch motiviert sein sollten, aber nicht politischen Stellungnahmen, politischen Demonstrationen oder politischen Treffen dienen sollten. Ihre Basis müssen Kunst und Kultur sein. Die Kunst sollte die Botschaft vermitteln.

stage reminiscent of Shakespeare's. For that reason I thought such an amphitheatre was a necessary element in the work.

With the Negev Monument I never thought of theatre or stagings. For me the place itself provides a setting where the people who enter it are involved in a kind of performance for one another. Most of my works create the space for this kind of performance where people act in the setting I offer them. They walk, they stand, they observe – They move differently to the way they usually do.

I. SCHEURMANN: *They're an integrated element.*

KARAVAN: Yes, and that's why I think that in some respect my work is figurative since without people it doesn't exist. These individual creations are not there just to be looked at. You have to be inside them and become part of them. And it's good if someone who enters these places sees other visitors moving around. Sometimes many, sometimes few. Here at Portbou it's better to encounter just a few visitors, unlike Cergy-

Pontoise where the work is brought to life by many visitors. As I said, each work makes different demands.

I don't think there should be events all year round at Portbou. They should only be once a year, linked with the Benjamin anniversary in September. The 26th of September should in fact become a day dedicated to the memory of all refugees who tried, whether successfully or not, to cross this frontier. And perhaps not just for them, but also for the Spanish who attempted to escape from the Franco regime.

I. SCHEURMANN: *But that should be more than theatre or performance? What you, and what we, would like to do in Portbou also has a political dimension. We would like to discuss the problems involved in borders, tolerance, emigration, and hostility to foreigners with people from different countries and many professions. In my view that's more like your plans for Nuremberg.*

KARAVAN: I'm not thinking specifically about performances in Portbou, but rather of events which should be politically motivated without being a political state-

K. SCHEURMANN: *Was hat es für Dich bedeutet, einige der Emigranten in Portbou zu treffen? Ich denke, daß Du aus Israel viele Persönlichkeiten des Exils kennst, aber vielleicht war das dort noch eine andere Art des Zusammentreffens für Dich.*

KARAVAN: Jeder, den man trifft, der diese schreckliche Zeit erlebt hat und derartige Erfahrungen sammeln mußte, ist eine eigene Persönlichkeit, hat sein eigenes Schicksal. Deswegen war es wirklich sehr bewegend, diesen Menschen zu begegnen; es war auch etwas Besonderes, da es mit einem besonderen Anlaß verbunden war, verbunden aber auch mit dem, das wir, die wir einige Jahre zusammengearbeitet haben, immer wieder berührt haben. Von einigen kannte ich die persönliche Geschichte, von anderen nicht – auf jeden Fall war die Anwesenheit dieser Menschen der Höhepunkt der Eröffnung. Sie hier getroffen zu haben, mit ihnen geredet zu haben, ihnen zugehört und sie ein kurzes Stück begleitet zu haben, ein kurzes Stück auf ihrem Weg der Erinnerung und des Gedenkens, das war etwas sehr Bewegendes für mich.

1 Dani Karavan erwähnt hier einen Vorfall, der sich kurz vor der Fertigstellung des Projektes ereignete. Die Gemeindeverwaltung hatte den bis 1993 nicht mehr genutzten und zugemauerten hinteren Eingang zum nicht-katholischen Teil des Friedhofs wieder öffnen lassen und begonnen, den verwilderten Zugangsweg einzuebnen. Dies griff erheblich in das künstlerische Konzept Karavans ein, das auf der Unwegsamkeit des Geländes aufbaute. Er konnte die Planierung jedoch verhindern.

ment, a political demonstration, or a political meeting. That should be based on art and culture. The art should mediate the message.

K. SCHEURMANN: *What did it mean for you to have met some emigrants at Portbou? I think you know many leading exiles in Israel, but perhaps this was a different kind of encounter for you.*

KARAVAN: Every person you meet who directly experienced that terrible time is special and embodies a particular destiny. That's why it was really very moving to meet those people. It was also special because it was linked with a particular event which has preoccupied us for some years now. I knew about some people's personal stories; others were new to me. At any rate, these people were the high-point of the opening. It was truly moving to have met them at Portbou, to have talked to them, to have listened to them, and to have accompanied them for a moment along their path of memory and commemoration.

1 Dani Karavan alludes here to an incident that occurred just as the project was completed. The local authorities reopened the entrance to the non-Catholic part of the cemetery, which had been unused and walled up until 1993. A start was made on levelling out the overgrown access path. That considerably interfered with Karavan's artistic concept, which depended on the area being only passable with difficulties. However, he managed to get this plan withdrawn.

Niemals hatte ich daran gedacht, ein Denkmal für Walter Benjamin zu errichten. Niemals hatte ich die Idee gehabt, irgend jemandem irgendein Projekt an irgendeinem Ort vorzuschlagen. Ich fange nicht an zu arbeiten, ohne daß man mir den Auftrag zu einem Projekt für eine bestimmte Stelle erteilt. Mir ist wohlgemerkt nie der Gedanke gekommen, ein Denkmal für irgendeine Persönlichkeit vorzuschlagen. Und selbst wenn man mich darum gebeten hätte, ich bin nicht sicher, ob ich es getan hätte. Bei jenem Anruf aus Bonn war am anderen Ende die Stimme eines Mannes zu hören, der sich als Leiter des AsKI vorstellte und mich bat, ein Monument zum Gedenken an Walter Benjamin zu entwerfen.

AsKI? Was ist das? Wer ist das? Wer sind Ingrid und Konrad Scheurmann? Ich wußte nichts von alledem, bis im Jahre 1989 das Telefon in meinem Pariser Atelier klingelte. Damals machte ich die Bekanntschaft mit dem AsKI und seinem Leiter, und im Laufe dieses Gesprächs schlug mir Konrad Scheurmann vor, ein Kunstwerk in Portbou zu gestalten, wobei er mich gleich vorwarnte, daß nur ein sehr kleiner Geldbetrag für das Projekt zur Verfügung stünde. Das ist keine Frage des Geldes, antwortete ich ihm. Ich selbst stehe bei Walter Benjamin in großer Schuld.

Den Namen Walter Benjamin habe ich mehr als einmal bei einer außergewöhnlichen Frau gehört, die eine überaus

1 Korridor, 1 Treppe, 1 Sitz = Passagen

Dani Karavan

1 Corridor, 1 Stairs, 1 Seat = Passages

I never thought of putting up a memorial to Walter Benjamin. I never had the idea of suggesting to someone or other a project at this or that place. I don't start working without being commissioned to do a project in a specific place. I've never had the idea of suggesting a monument for some prominent person. And even if someone had asked me to do that, I'm not sure that I would have agreed. When I received a telephone call from Bonn, at the other end of the line was a man who introduced himself as director of AsKI, and asked me to create a monument in remembrance of Walter Benjamin.

AsKI? What or who is that? Who are Ingrid and Konrad Scheurmann? I knew nothing about any of that until 1989 when the phone rang in my Paris studio. Then I found out about AsKI and its director, and in the course of this conversation Konrad Scheurmann asked if I would like to create a work of art at Portbou, but immediately warned me that very little money was available for the project. This isn't a question of money I answered. I myself owe a great deal to Walter Benjamin.

I had more than once heard the name Walter Benjamin from an exceptional woman who played a

wichtige Rolle bei der Ausformung meines moralischen und kulturellen Weltbilds gespielt hat: Toni Halle, Direktorin des neuen Lyzeums von Tel Aviv (Tichon Hadash), wo ich meine Schulzeit verbrachte. Kürzlich habe ich von ihrer Verbindung zu Walter Benjamin erfahren, einer intellektuellen Beziehung, die über Jahre andauerte. Durch sie und aus den Büchern des Schriftstellers Gershom Scholem habe ich viel über ihren Freund Walter Benjamin erfahren.

Sogleich wußte ich, daß ich kein Monument für Walter Benjamin würde entwerfen können. Aber vielleicht eine Hommage an den Menschen, den Philosophen, den Chronisten, den Kritiker, den Vorkämpfer neuer Ideen. An den

Mann, dessen Schriften schwer zu lesen und zu verstehen sind, der seiner Zeit voraus war mit seiner Analyse des künstlerischen Schaffens und mit seiner sozialen und politischen Bestandsaufnahme.

Aber erst bei meinem ersten Besuch in Portbou, mit Ingrid und Konrad Scheurmann, erst da, in dieser harten Landschaft, diesen düsteren Bergen, die das Meer umschließen, diesen zerborstenen Felsen, erst da, auf dem Friedhof, habe ich verstanden, daß an der Stelle, wo Benjamin ruht – und niemand weiß genau wo auf dem Friedhof –, daß nur dort der Ort sein kann, um sein Andenken aufzuzeigen, wie auch seine Tragödie und die Tragödie einer Generation von europäischen Intellektuellen, Antifaschi-

sten, Juden, die versucht haben, aus der Dunkelheit zum Licht zu fliehen.

Das Geräusch der Züge von dem großen Grenzbahnhof her, wie das Geräusch der Deportationen zu den Lagern. Der Tod, die Grenze, die Hoffnung; ich hatte keine andere Wahl, ich hatte gar keine Wahl, alles wurde mir diktiert.

Ich wußte, daß der Platz für die Hommage in der Nähe des kleinen Friedhofs von Portbou sein mußte. Und plötzlich beschert mir die Natur ein erstaunliches, bewegendes Schauspiel, einen Strudel, der aus dem Meer zwischen den Felsen brandet. Das Wasser strudelt, fällt tobend in die Tiefe, springt mit Getöse wieder hoch, dann Ruhe, Stille, Frieden. Und von neuem wiederholt sich dieses

very important part in the formation of my moral and cultural view of the world: Toni Halle, director of the New High School (the Tichon Hadash) at Tel Aviv where I studied. I recently heard about her intellectual relationship with Walter Benjamin, extending over many years. From Toni Halle, and from the books of Gershom Scholem, I learned much about their friend Walter Benjamin.

I immediately knew that I wouldn't be able to create a monument to Walter Benjamin – but perhaps a homage to the human being, the philosopher, the chronicler, the critic, the pioneer of new ideas; to

the man whose writings are difficult to read and understand, whose analysis of artistic creativity and of social and political understanding were ahead of his time.

However, it was only during my first visit to Portbou together with Ingrid and Konrad Scheurmann – in this austere landscape with sombre mountains enclosing the sea and shattered rocks – it was only there, in the cemetery, that I understood that his final resting-place – and no-one knows exactly where this is – was the only possible place for commemorating the tragedy experienced by Walter Benjamin and a generation of European

intellectuals, anti-fascists, and Jews who attempted to flee from darkness to light.

The noise of trains at the big frontier railway station brought to mind the sounds of deportation to the camps. Death, frontier, hope. I had no other choice. Everything was dictated to me.

I knew that the place of homage had to be close to Portbou's little cemetery. And suddenly nature granted me an astonishing, moving drama – a turbulence in the sea breaking between the rocks. The water swirled around, fell wildly back again, once more leapt up ferociously, and then was calm,

Die Schiene

Aus weiter Ferne hörte ich den Lärm des Bahnhofs, der Grenze, der Eisenbahn, die Stimmen der Lokomotiven und das Geräusch von Eisenbahnwaggons, die zu den Todeslagern fahren.

The Rails

From far away I heard the noise of the station, the frontier, the railway locomotives' clanking, and the sound of cattle trucks on their way to the death camps.

Der Strudel

Ich schaue die Klippen hinunter auf das Meer. Das aufgewühlte Wasser wirbelt geräuschvoll,
schießt dann plötzlich als weißer Schaum hervor, läuft weiter hinunter, dann ist es still.
Das Meer ist unbewegt. Dann wieder: Strudel, Schaum, Rauschen, Ruhe.
Die Natur erzählt hier die Tragödie dieses Mannes. Niemand könnte das besser darstellen. Alles,
was mir zu tun bleibt, ist, den Pilger dazu zu bringen, das zu sehen, was die Natur erzählt.

Swirling Water

I look down the cliffs to the sea. The churning waters rage noisily, suddenly spewing up
white foam, and then retreat until they are still. The sea is motionless. Then once again:
swirling waters, foam, noise, silence.
Nature is telling the tragedy of this man. No-one could present it better.
All that remains for me is to help the pilgrim see what nature is saying.

Der Olivenbaum

Zwischen Steinen und Fels, im staubtrockenen Boden, sonnenverbrannt und vom Wind getrocknet,
ein kleiner alter Olivenbaum, der um sein Leben kämpft.

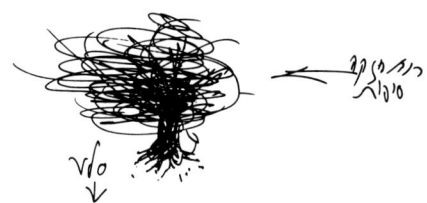

The Olive Tree

Between stones and rock, in parched, dusty ground burned by the sun and dried by the wind,
a small old olive tree fighting for its life.

Der Zaun

Auf dem steilen Hügel, auf dem Felsen, den man hinauf muß, wenn man um den Friedhof herumgehen möchte, eine Mauer, ein Zaun, eine Barriere, dahinter Gräber. Weit weg unterhalb des Horizonts, einge-rahmt von den dunklen, hohen Bergen der Pyrenäen, das blaue Meer, der klare Himmel, die Freiheit. Ich beschloß, dort eine Plattform mit einem Sitz zu bauen, von dem aus man – durch den Zaun über den Friedhof hinweg – Richtung Freiheit sehen kann.

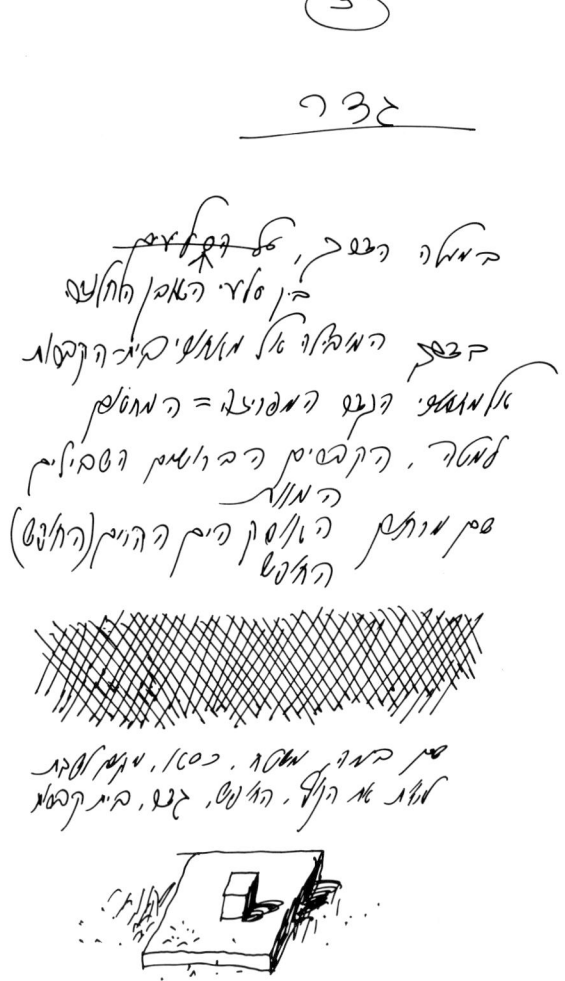

The Fence

On the steep, rocky hillside around the cemetery, a wall, a fence, a barrier, and behind that graves. Far away, below the horizon, framed by the dark, high mountains of the Pyrenees, the blue sea, the clear sky, freedom.
I decided to construct a platform with a seat from where you can look through the fence and beyond the cemetery towards freedom.

erstaunliche Schauspiel, wie das Schlagen eines wunden Herzens. Und die Wogen schlagen an die Felsen, wie man sich an die Brust schlägt.

Ich bin den steilen und steinigen Weg weiter hinaufgegangen, habe den Olivenbaum gesehen, der gegen den salzhaltigen Seewind und den trockenen, dürren Boden um sein Überleben kämpft. Auf der Suche nach weiteren Elementen bin ich hinter den Friedhof gestiegen, oberhalb des Felsens, von wo aus ich das Meer betrachtet habe, den Horizont, die Freiheit – versperrt von einer Barriere: der Barriere des Friedhofs. Und es gibt keinen Ausweg. Von dort kommt man über den Friedhof zum Ausgangspunkt zurück, zum Meeresstrudel. Der Teufelskreis des Schicksals.

Passagen. Ja, Passagen, wie der Titel seines Essays, so sind die „Passagen" der Hommage an Walter Benjamin.

Alle diese Elemente, die da sind, seit – und bevor – Walter Benjamin versucht hat, in die Freiheit zu passieren, alle erzählen sie die tragische Geschichte dieses Mannes. Und sie sind die Hommage – nicht etwa die Formen, die Materialien, die ich ausgesucht habe, der Tunnel, die Stufen, der rostige Corten-Stahl, die Steinmauer, die Plattform und der Sitz – sie sind die Arbeit. Das Ziel, was mir zu tun blieb: anzuleiten, über die Rückseite bis hierher zu führen, auf diese Elemente die Aufmerksamkeit des Reisenden zu richten. Dort, bei dem alten Friedhof, traurig, weiß, wie das Leichentuch, das den Toten umhüllt. Dort ist die Hommage, dort sind die Passagen, die Teil des Ortes sind, die in diesem Ort existieren. Und nur dort.

Wenn auch ihre Namen weder in Stein noch in Metall graviert sind, bringt doch der Wind über dieser Hommage alle die mit sich, die ihre Seele hier nicht retten konnten, die die Grenze nicht überqueren konnten, und die, die der Weg weitergeführt hat, denen die Passage gelungen ist. Zum Licht. Zur Freiheit.

Mit ihnen kommen auch die Namen derer, die für die Verwirklichung der Hommage gekämpft haben, die denen nicht nachgegeben haben, die das Werk töten wollten, nachdem der Grundstein gelegt und eine offizielle Erklärung gegeben worden war. Jene, die geschrieben, protestiert, abgestimmt, Geld gesammelt haben. Die es möglich gemacht haben. All jene, die untrennbar von der Hommage geworden sind, denn ohne sie wäre sie heute nicht da, und an ihrer Stelle stünde die Schande. Für immer.

Vielleicht konnte das gar nicht anders

quiet, tranquil. This astonishing drama was repeated all over again, like the beating of a wounded heart. And the waves beat against the rocks as one beats one's own breast.

I climbed further up the steep, stony path, and saw the olive tree that struggles for survival against the salt-laden sea-wind and arid dry ground. Searching for additional elements I went behind the cemetery, above the rock, from where I regarded the sea, the horizon, freedom – blocked by a barrier. The barrier of the cemetery. And there is no way out. From there you return by way of the cemetery to the starting-point – to the turbulent sea. The vicious circle of fate.

Passages ... Yes, passages, like the title of his essay – likewise the passages in this homage to Walter Benjamin.

All these elements, which existed before and after Walter Benjamin's attempt at reaching freedom, tell of this man's tragic story. They are the homage, they are the work – not the forms and the materials I chose: the tunnel, the stairway, the rusty corten steel, the stone wall, the platform, and the seat. My task was to guide, to conduct people to this point, and to draw the traveller's attention to those elements. There, near the old cemetery, sad and white like the winding-sheet enfolding the dead, is the homage; there are the passages which are a part of this place and exist here. And only here.

Homage is also paid to all those – even though their wind-born names are not recorded in metal or stone – who could not save their souls here and cross the frontier, and to those who crossed over and reached their objective: light and freedom.

Also present are the names of those who struggled for the implementation of this homage, who did not give in to people who wanted to kill off this work after the foundation stone had been laid and an official declaration made. Those who wrote, protested, cast their vote, and collected money, making the memorial possible. All those who have become indivisibly linked with the homage since without them nothing would be here today except for disgrace. For ever.

sein, vielleicht mußte es so zur Welt kommen, unter Schmerzen, wie das Leben von Walter Benjamin. Und wie sein Tod.

Nicht zu vergessen die Besuche, die Versammlungen, die langen Gespräche über jedes Detail mit Ingrid und Konrad Scheurmann, mit Gil Percal und Pere Gaspar i Farreras. Und all die Treffen in dem kleinen Büro des Bürgermeisters von Portbou und dessen Wille, uns zu helfen. Und jene, die die Linien zu Papier gebracht und die Berechnungen gemacht haben; jene, die den Bau beaufsichtigten, jene, die ausgeschachtet haben in der Hitze der Sonne und im Wind. Jene, die den Beton gegossen und das Metall geschweißt haben; all jene, die zusammengearbeitet haben, damit dies alles existieren kann, das kein Monument, keine Skulptur, kein Objekt ist, das nur durch sich selbst besteht;

besteht, um eine Richtung anzuzeigen, um zu lenken, um zu zeigen, um die Blicke, die Landschaften und die Naturphänomene in einen Rahmen zu bringen. Um Dinge zu zeigen, die der Mensch nicht erzählen und beschreiben kann: das entsetzliche Grauen, die Müdigkeit und die Hoffnung, die die Menschheit im Laufe dieses Jahrhunderts erlebt hat.

Erinnern wir uns immer daran, und möge nichts davon jemals vergessen werden.

Perhaps things had to be like that. Perhaps this had to be a painful birth – just like Walter Benjamin's life and death.

Also to be remembered are the visits, the get-togethers, and the long discussions about every detail with Ingrid and Konrad Scheurmann, with Gil Percal and Pere Gaspar i Farreras. And all the meetings in the little office of Portbou's mayor and his eagerness to help us. And those who drew lines on paper and made calculations, who kept watch, and who excavated in the heat of the sun and in the wind. Those who cast concrete and welded metal. All who worked together so that all this could exist, which is not a monument, a sculpture, an object. It only exists to direct atten-

tion, to show, to incorporate views, landscapes, and natural phenomena within a framework. To show things that a human being cannot narrate and describe – the awful horrors, the weariness, and the hope which humanity has experienced in the course of this century.

May we always remember this and may none of it ever be forgotten.

Es ist faszinierend zu sehen, wie schnell die Natur Spuren ihr zugefügter Eingriffe überdeckt. Besucht man heute, ein Jahr nach der Eröffnung, den Gedenkort für Walter Benjamin in Portbou, so könnte man meinen, die einzelnen Stahlelemente seien aus dem rostfarbenen eisenhaltigen Fels herausgewachsen, fast so, als wäre das im Gestein verborgene Metall sichtbar zu den Formen kristallisiert, mit denen der Künstler sein mahnendes Zeichen setzen wollte. Der tiefe Einschnitt, in den der Korridor, die Hauptpassage von Dani Karavans künstlerischer Ehrung für Walter Benjamin, versenkt worden ist, kann nur mehr von denen erahnt werden, die an dem Bau beteiligt waren. Die reale Wunde, die dem Felsen zugefügt wurde, ist verwachsen und hat dem künstlerischen Zeichen der Erinnerung an gravierende Traumata unserer Geschichte Raum gegeben.

Dergestalt begegnet das Kunstwerk dem Besucher so zurückhaltend und natürlich, wie der Künstler es sich gewünscht und durch Konzept und Entwurf vorgegeben hat. Die mit Behutsamkeit und Präzision in die Landschaft integrierten metallenen Formen geben in ihrem Dreiklang dem Friedhof einen besonderen Rahmen, schaffen gleichsam ein durch die Kunst definiertes Umfeld, das, ohne sichtbar gezogene Grenzen, von einer ganz eigenen Ausdruckskraft lebt, die sich aus dem spannungsvollen Gefüge von Kunst, Natur und Friedhof

Anrührend und doch unnahbar. Dani Karavans Plätze als Orte der Begegnung

Konrad Scheurmann

Moving Yet Unapproachable. Dani Karavan's Places of Encounter

It is fascinating to see how quickly nature covers over traces of the interventions to which it has been subjected. If today, a year after the opening, you visit the Portbou place of remembrance for Walter Benjamin, you might think that the individual steel components had grown out of the rust-coloured ferruginous rock, almost as if the metal concealed in the stone had visibly crystallized into the forms with which the artist wanted to establish a symbolic warning. The deep incision where the corridor, the main "Passage" in Dani Karavan's artistic homage to Walter Benjamin, was established can now only be surmised by those who were involved in the construction process. The real wound inflicted on the rock has grown over, giving way to artistically embodied memory of profound traumas within our history.

This work of art thus encounters the visitor in a restrained and natural way – just as the artist wished and provided for in his concept and plan. The triadic metal forms carefully and precisely integrated in the landscape endow the cemetery with a special setting, as it were creating an area defined by art which without any visible boundaries exists out of an autonomous expressive force nourished by the

speist. So ist aus diesem ehemals eher ungestalteten ein nach innen gerichteter künstlerischer Raum entstanden, der seine Botschaft erst offenbart, wenn man ihn betritt und durchmißt. Dann aber umfängt er den Besucher mit einer sehr konzentrierten Stimmung und versetzt jeden, unmerklich erst, doch unausweichlich in eine ganz spezielle Atmosphäre des Erlebens, fast eine Form eigener Realität. Das Spektrum der Gefühle und Empfindungen, das hier in kurzer Zeit und auf beschränktem Raum durchlebt werden kann, konfrontiert gleichsam im Zeitraffer mit sehr gegensätzlichen Erfahrungen menschlichen Lebens, mit Bedrohung, Scheitern und Tod ebenso wie mit Freiheit, Freude und Glück.

Karavan hat einen ungemein aussagekräftigen Ort von intensiver Ausstrahlung geschaffen, einen Ort, an dem man sich gleichzeitig berührt und behaust fühlt: berührt von dem unmittelbaren Erleben existentieller Erfahrungen, behaust durch die landschaftliche Schönheit und die stimmige, gleichsam natürliche Nähe von Friedhof und Kunstwerk. Ein Ort, an dem man in ganz elementarer Weise zu sich selbst kommen kann; ein Ort aber auch im Spannungsfeld von Leben und Tod, dessen wie selbstverständlich erscheinende Harmonie geprägt und in gewisser Weise sogar gebrochen wird durch die Ambivalenz von Schönheit und Erschauern, von Frieden und Drama.

Und diese ambivalente Atmosphäre einer konstanten Beunruhigung beschränkt sich nicht nur auf das Kunstwerk selbst mit seinen kontrastreichen Blickführungen, sondern sie umfängt das gesamte Areal und schärft die Sinne des Besuchers. So ruft beispielsweise der vom Kunstwerk durch den Friedhof führende Weg der Erinnerung an Walter Benjamin gleichzeitig sehr unterschiedliche Formen von Erinnern und Trauer wach. Während der Besucher im Korridor wie auf einer Projektionsfläche die Namenlosen gleichsam schemenhaft in seinem Spiegelbild erinnert, begegnet er beim Gang durch den Friedhof den einzelnen benennbaren Toten sehr konkret, fast körperlich, lediglich getrennt durch das dünne Ziegelschild ihres Totengehäuses.

Und noch etwas hebt vorgefundene Anordnungen aus ihrer einstigen selbstverständlichen Bedeutung in neue Sinnzusammenhänge: Der Friedhof von Portbou, diese in ihrer Schönheit so friedvolle Ruhestätte, ausgerichtet nach

fascinating conjunction of art, nature, and graveyard. What used to be a somewhat unstructured place has become an inwardly directed artistic realm, which only reveals its message when you enter and experience its proportions. Then, however, it immerses the visitor in a highly concentrated mood and imperceptibly but inescapably transposes him into a very special atmosphere of perception – almost an autonomous reality. The spectrum of feelings and sensations which can be experienced here in a short time and in a limited space confront you, as if in slow-motion, with highly contrasting experiences within human existence: menace, failure, and death as well as freedom, joy, and happiness.

Karavan has created an unusually expressive place exerting an intense impact, a place where you feel simultaneously moved and at home: moved by the immediacy of existential experiences, and at home in the beauty of the landscape and the harmonious, almost natural closeness of cemetery and work of art. This is a place where you can come to yourself in a truly elemental way; but also a place within the area of conflict between life and death whose apparently self-evident harmony is shaped, and to a certain extent even broken, by the ambivalence of beauty and apprehension, of peace and drama.

This ambivalent atmosphere of constant disquiet is not restricted to the work of art itself with its highly contrasting ways of directing attention. This also embraces the entire area and sharpens the visitor's senses. For instance, the way commemorating Walter Benjamin, leading from the work of art through the cemetery, evokes very diverse forms of memory and mourning. In the corridor the visitor experiences through his own reflected image ghostly projections of the nameless victims, whereas while walking through the graveyard he encounters individual, nameable dead people very tangibly, almost physically, merely separated from him by the thin brick tiles of their final abode. Something else elevates forms of order out of their former self-evident significance into new contexts of meaning. Portbou's cemetery, in its

Osten dem Sonnenaufgang entgegen, abgewandt und ungestört vom Alltag der Gemeinde, unterliegt dem gleichmäßigen Rhythmus des Tageslaufs. Dieser natürlichen Ordnung setzt Karavan ein anderes System entgegen: Er verortet sein Werk im Koordinatensystem der Geschichte und konfrontiert so den alltäglichen, den natürlichen Tod mit dem Sinnbild eines gewaltsamen Einschnitts in das Leben. Mit dem geformten Erinnern an Walter Benjamin eröffnet der Künstler auf seine Art einen Dialog zwischen Vergangenheit und Gegenwart

und formuliert damit wortlos einen Anspruch hinsichtlich einer humanen Haltung zum Leben, den zu erfüllen Stärke verlangt.

Kann es da noch verwundern, wenn Besucher der „Hommage an Walter Benjamin" diesen Platz auf dem Friedhofshügel am Rand des Meeres als einen aus der Normalität und dem Alltag ausgegrenzten Ort empfinden, ihn sogar mit Begriffen wie magisch oder heilig belegen und immer wieder mit emphatischen Worten beschreiben, die ihre innere Berührtheit zum Ausdruck bringen?

Doch die elementaren Regungen, die Karavans Werk auslöst, ereignen sich nicht nur in der direkten Begegnung mit dem Gedenkort. Auch indirekt vermittelt das Kunstwerk seine Ausstrahlung. Manche der Besucher, die in den Monaten seit der Eröffnung nach Portbou gereist sind, wurden aufgrund von Zeitungsberichten oder Fotos in Kunstmagazinen dazu angeregt, den Gedenkort aufzusuchen.

Wo sich die Ausstrahlung eines Werkes schon indirekt, z. B. in Abbildungen, manifestiert, kann weitgehend auf

beauty such a peaceful place of rest, facing eastwards towards the sunrise, turned away from and undisturbed by the community's everyday existence, is subject to the regular rhythms of life.

Karavan counters that natural order with another system. He places his work within the co-ordinates of history and thereby confronts everyday, natural death with the symbol of a mighty intervention in life. With his structured recollection of Walter Benjamin the artist opens

up a specific form of dialogue between past and present, thus wordlessly formulating a claim to a humane attitude towards life whose fulfilment demands strength.

It is therefore hardly surprising that visitors to the "Homage to Walter Benjamin" feel this place on the cemetery hill bordering on the sea to be somewhere beyond normality and everyday life, applying terms such as magical or holy, and time and again employing emphatic words which give expression to

inner feelings.

However, the elemental stirrings sparked off by Karavan's work do not only occur in the course of a direct encounter with this place of remembrance. This creation also mediates an indirect impact. Some visitors who travelled to Portbou in the months after the opening were stimulated by newspaper reports or photos in art magazines to seek out the memorial.

When a work's impact manifests indirectly as in illustrations, expla-

Erklärungen verzichtet werden. Karavan unterläßt denn auch alles, was sich als Anleitung zu eindeutigem Verstehen zwischen den Besucher und das Kunstwerk schieben könnte, und verhindert somit, daß dieser sich distanziert verhalten kann. Im Gegenteil: Die Einfachheit und Klarheit der Formen und der tastbare Reiz der Materialien, ihre Haut-Nähe, fördern unmittelbares sinnliches Erleben und dadurch die Möglichkeit spontaner Annäherung an die Sinngebung des Ortes. Der Respekt des Künstlers vor der persönlichen Erfahrung des Besuchers

geht sogar so weit, daß er es dem Zufall oder der Findigkeit des Einzelnen überläßt, ob dieser alle drei Hauptelemente des Kunstwerks entdeckt. Karavan nutzt damit das Moment des Schocks und der Überraschung, das die Spontaneität des Zugangs und die Unmittelbarkeit des Verstehens noch fördert und die Intensität des Erlebens erhöht. Er vertraut darauf, daß jede der drei Formgebungen seines Werkes schon auf ihre Weise die Aussage des Gesamten vertreten wird.

Auch die Überschaubarkeit des Platzes, also seine begrenzte Dimension und die

am menschlichen Maß orientierten Proportionen der einzelnen Stationen des Gedenkorts „Passagen" dienen – als verläßliche Mittel Karavanscher Gestaltung – mit ihrem raumdefinierenden Charakter dem Ziel, das Herausgehobene eines solchen Platzes aus der Normalität des Alltags geradezu körperlich erfahrbar werden zu lassen. Hier in Portbou hat der Künstler aus dem einstigen Gelände zwischen Gemeinde und Friedhof einen vielschichtigen und ausdrucksstarken Ort der Besinnung geformt.

nations are largely unnecessary. Indeed Karavan renounces everything which, employed as a means of clear-cut understanding, could interfere with the visitor's reaction to the work of art, thereby preventing any detached response. In fact the simplicity and clarity of the forms and the tangible attraction of the materials, their immediacy, encourage directly sensuous experiencing and thus the possibility of a spontaneous response to the meaningfulness of the place itself. The

artist's respect for the visitor's personal experience even goes so far that discovery of all three main elements in the work is left to chance or individual resourcefulness. Karavan thus uses the moment of shock and surprise, which furthers spontaneity of access and immediacy of understanding, and increases the intensity of experiencing. He relies on each of the three forms of his work giving expression to the whole in its unique way.

The overall comprehensibility of

this area with its limited dimensions and the humanly-scaled proportions of the individual stages of the "Passages" memorial defines this space and also serves – as a well-tested principle for Karavan – the objective of making physically experienceable what takes such a place out of everyday normality. Here at Portbou the artist has formed out of the area between the town and the cemetery a multi-layered and strongly expressive place of contemplation.

If you reflect on the concept of

Greift man den Begriff Magie auf und spürt der Ursache nach, die einen Ort zu einem magischen macht oder mit einer Aura des Heiligen umgibt, so stellt man fest, daß ein solcher Ort ganz entschieden von dem Miteinander einer Harmonie und einer Präsenz des Unbekannten lebt, dem Gleichzeitigen von Faszination und Erschauern. Manche von Karavans permanenten Platzgestaltungen, aber auch einige seiner temporären Werke, tragen dieses Element des Erlebens in sich.

Wer einen solchen Platz von Dani Karavan besucht, sei es in Tel Aviv, in Humlebaek, in Rehovot, in Nürnberg, Gurs, Portbou oder anderswo, der ist schnell eingenommen von der Klarheit, der inneren Ruhe und der Kraft, die das jeweilige Werk ausstrahlt. Trotz und vielleicht gerade wegen der einfachen Formen, aus denen seine Kunstwerke sich zusammenfügen, umfängt diese eine gewisse Würde, prägt sie eine spezielle Unnahbarkeit, die es verhindert, daß

man ihnen zu nahe tritt. Wer dann einen solchen Ort durchschreitet, dem fallen die ausgewogenen Proportionen der plastischen Körper und die harmonische Verbindung von Kunstwerk und Umgebung ins Auge, der ist beeindruckt von der Präzision der Details wie von der klaren Komposition des Gesamten. Man erlebt plötzlich die volle ausdrucksstarke Schönheit Karavanscher Kunst. Die einzelnen Elemente sind akribisch gearbeitet, nirgends findet sich Unfertiges, alle

magic and track down what makes a place magical or endows it with an aura of holiness, you will discover that such a spot derives its vitality from the co-existence of harmony and presence of the unknown, simultaneously exerting fascination and apprehension. Some of Karavan's permanent structurings of place, and also some of his temporary works, contain that specific element of experience.

Anyone who visits such a site by Dani Karavan – whether it be in Tel Aviv, Humlebaek, Rehovot, Nuremberg, Gurs, Portbou, or elsewhere – is quickly attracted by the clarity, the inner tranquillity, and the power emanated by the work involved. Despite, and perhaps precisely because of, the simple forms of which his works of art are composed, they are immersed in a certain kind of dignity and shaped by

a specific unapproachability which prevents people from coming too close. Anyone who walks through such a place becomes aware of the balanced proportions of the sculptural forms and of the harmonious link between the work of art and its surroundings, and is impressed by the precision of details and the overall clarity of composition. You suddenly experience the abundance of expressive beauty in Karavan's

Spuren der Realisierung sind getilgt. Die taktilen Oberflächen strahlen etwas Besonderes aus: Als lebendiger Kern scheint die schöpferische Idee durch die „Haut" der Elemente nach außen zu dringen, beseelt gleichsam als energetischer Ursprung jedes Detail und schafft so jene kraftvolle Spannung zwischen Anrührung und Unnahbarkeit und jenes atemberaubende In-sich-Ruhen seiner Werke.

Bei der Exaktheit, mit der Karavan seine Arbeiten entwirft und in die Realität umsetzt, überrascht dann aber, daß der Schaffensprozeß keinesfalls von einer Planung begleitet wird, die sich auf Papier niederschlägt. Wer Skizzen, Studien oder detaillierte Entwürfe von ihm erwartet, wird enttäuscht. Karavans Kunst entsteht in der unmittelbaren räumlichen Auseinandersetzung mit dem jeweiligen Ort, für den sie gedacht ist. Die einzigen Hilfsmittel, von denen er häufigen und sorgfältigen Gebrauch macht, sind Modelle, also wiederum dreidimensionale Elemente. Für einen Künstler, der wie Dani Karavan die Grundmuster plastischer Gestaltung in den Händen trägt, stellt die zweidimensionale Ausformulierung eine Einschränkung, einen Zwang dar. Dem entzieht er sich auf seine Weise.

Nimmt eine neue Werkidee in ihm Form an, so prägt sie ihn ganz, denn seine Art des künstlerischen Schaffens, sein Weg, gestalterische Probleme zu lösen, ist kein ausschließlich intellektueller Prozeß. Er gestaltet vielmehr in hohem Maße auch mit und durch seinen Körper. Er nimmt den Ort des künftigen Kunstwerks – dessen Ambiente, teils auch seine historischen Gegebenheiten – in sich auf und integriert sie als Bausteine seiner gestalterischen Syntax. Konkretisiert sich in ihm dann die als richtig und angemessen empfundene künstlerische Lösung, dann fügen sich Ort und gestalterische Idee zu einer Einheit, die seine gesamte Persönlichkeit auszufüllen scheint.

Einerseits also gewinnt das Werk seine Form in ihm, nicht erst am Modell, das eigentlich nur der Kontrolle dient. Andererseits aber formt es dann wieder den Habitus des Künstlers. Mal sehr zielsicher, mal zögernd, manches Mal auch völlig in sich versunken, immer jedoch hoch konzentriert schreitet er wie ein Regisseur oder ein Performer die „Bühne" seines Kunstwerks ab. Dieser Vergleich macht es dann vielleicht verständlich, warum Karavan mit den immer gleichen Gesten, den immer glei-

art. The individual elements are meticulously worked. Nowhere is there anything unfinished and all traces of working have been erased. The tactile surfaces radiate something special. As the living core the creative idea seems to make its way outwards through the elements' "skin", as source of energy pervading every detail and thereby creating his works' powerful state of conflict between contact and unapproachability alongside their breathtaking resting in themselves.

With the degree of precision involved in the devising and implementation of Karavan's works, it comes as a surprise that the creative process is not accompanied by planning recorded on paper. Anyone who expects sketches, studies, or detailed plans from Karavan will be disappointed. His art consists of immediate spatial confrontation with the place for which it is conceived. The only aids which he uses both frequently and carefully are models – once again three-dimensional elements. For an artist like Dani Karavan who employs his hands to depict the basic structure in sculptural projects, two-dimensional representation constitutes a limitation and a constraint. He escapes that in his own fashion.

If an idea for a new work takes shape within him, that is all-encompassing since his kind of artistic creativity and his way of solving creative problems is not an exclusively intellectual process. Instead he structures to a high degree with and through his body. He incorporates within himself the place of the future art-work – its ambience and to some extent also its historical background – , integrating this as a building-block in his creative syntax. If the artistic form felt to be right and appropriate takes concrete shape, the place and the creative idea then become a unity which seems to fill his entire personality.

So on the one hand the work takes on form within Karavan rather than in the model, which basically only serves as a cross-check. On the other, the work shapes the artist's bearing and behaviour. Sometimes very sure of his objective, at times hesitant, and sometimes sunk in himself, but always with great concentration, he paces like a director

chen Worten, mit der immer gleichen Anzahl von Schritten auf dem immer gleichen Weg in immer der gleichen Richtung den Raum der künftigen Arbeit durchmißt, die Bedingungen prüft, vergleichbar einer Kompaßnadel oder einem Seismographen reagiert, sich die gesamte Situation einschreibt und sie immer wieder noch einmal bespricht.

Dieser sich wiederholende Rhythmus wirkt, als befrage sich der Künstler immer wieder neu, als müsse er sich immer wieder des Raumes, der Dimensionen und Proportionen, aber auch seiner Idee versichern und sich selbst bestätigen. Er ist Mitte und Medium seiner Kunst, dokumentiert sein Geprägtsein durch sein Werk dadurch, daß er sogar eine bestimmte Körpersprache herausbildet, eine spezielle Haltung und

Gestik, mit der er in der erwähnten perpetuierenden Weise seine Gedanken visualisiert. Man kann vermuten, daß Karavan für jedes seiner Werke eine jeweils eigene Syntax für seinen inneren Dialog entwickelt hat. Sie stellt in gewisser Weise, als eine Art körperlicher Antwort, die konzentrierte Auseinandersetzung mit den inneren Gesetzmäßigkeiten des Werkes dar. Bildhaft gesprochen, wird Karavan zeitweilig selbst das Werk, zumindest ist er dessen Zentrum, um das sich alles bewegt.

Mit dieser expressiv schöpferischen Arbeitsweise zieht Karavan seine Umgebung in seinen Bann. Auch wenn ein Teil dieses sicheren Gespürs für den Charakter von Räumen und Plätzen sich an seinen frühen Arbeiten für das Theater – Bühnenbilder und -installationen – geschult haben mag, nämlich an der

Notwendigkeit, in einem begrenzten Raum einen wohlproportionierten aussagekräftigen neuen Raumkörper zu schaffen, für den die in ihm agierenden Menschen einen integralen Bestandteil der künstlerischen Aussage darstellen, so bilden aber wohl tieferliegende Erfahrungen der Kindheit und Jugend die eigentlichen Grundlagen für Karavans Inspiration und seine dem Menschen verpflichtete schöpferische Kraft.

Karavans Werkbiograph Pierre Restany hat in seiner Monographie über den Künstler darauf hingewiesen, wie sehr die Wüste und die Sanddünen Israels, wie sehr auch die gartenarchitektonischen Arbeiten des Vaters in Tel Aviv Karavans Verständnis von Landschaft, Natur und menschen-freundlichen Räumen geprägt haben. Restany sieht den Künstler umfassend eingebunden in die

or performer across the "stage" of his work of art. That comparison perhaps makes comprehensible why Karavan used to stride around the area of the work-to-be with the same gestures, the same words, and the same number of steps along the same way in the same direction, testing out conditions, reacting like a compass-needle or a seismograph, memorizing the entire situation and repeatedly discussing it again.

This repeated rhythm conveys the impression that the artist constantly interrogates himself anew as if time and again he had to make sure of the area's dimensions and proportions, and confirm himself and his idea. He is the centre and the medium of his art, documenting

being shaped by his work through the fact that he even develops a particular body-language, specific attitudes and gestures, with which he visualizes his ideas so as to perpetuate them. It can be assumed that Karavan develops a specific syntax for the inner dialogue involved in each of his works. To some extent this constitutes, as a kind of bodily response, a concentrated confrontation with the work's inner laws. Metaphorically speaking, Karavan himself for a time becomes the work of art. At least he is its centre around which everything turns.

With this expressively creative way of working Karavan casts a spell over his surroundings. Even though aspects of this sure sense

of the nature of spaces and places may have been trained in his early work for the theatre with sets and installations, involving the necessity of creating within a confined area a well-proportioned and meaningful new structure where the people active there constitute an integral component of the artistic statement, yet deeper-rooted experiences during childhood and youth certainly provide the real foundations for Karavan's inspiration and the creative power dedicated to serving humanity.

In his monograph on Karavan's work, Pierre Restany shows how much Karavan's understanding of landscape, nature, and environments supportive of human beings has been shaped by Israel's deserts

traditionsreiche jüdische Kultur, die sich von der Verwendung althergebrachter Zahlen- und Zeichensetzungen bis zu Karavans Engagement für Frieden und Verständigung in vielgestaltiger Weise in seiner Kunst manifestiert.

Wer ermessen kann, welchen Wert ein der Wüste abgerungenes Stück gestaltete Landschaft für eine Gemeinschaft haben kann, welche Vorstellungskraft andererseits gerade die unendliche Weite der Wüste hervorzurufen vermag, der erahnt die Wurzeln von Karavans Schöpferkraft, aus denen sein sicherer

Umgang mit Weite und Raum resultiert. Daß er sich seine künstlerischen Plätze körperlich erarbeitet, hat wiederum seinen Ursprung in seiner jüdischen Herkunft. Die jüdische Kultur basiert ganz wesentlich auf dem Wort, auf dem Gespräch. Sprechen, Rezitieren, Rekapitulieren oder auch die Verkündung des Wortes, der Bibel, sind eingebettet in Gesten und Bewegungen und einen körperlichen Rhythmus, der das in Worte Gefaßte als etwas Gelebtes bestätigt. Aus dieser Tradition heraus begreift sich Karavans Art und Weise, einen für ein Kunstwerk

ausgewählten Platz immer wieder mit den gleichen Schritten auf gleichem Weg räumlich zu definieren und mit den gleichen Worten akustisch und den gleichen Gesten bildhaft in Szene zu setzen. Das in der Gesamtheit der Person entstandene und mit dem besten Instrument, dem Körper, erarbeitete Werk muß dann fast zwangsläufig zu jener elementaren und humanen Ausstrahlung führen, die die Werke des Künstlers vermitteln. Hier, in dem Eingebundensein von Natur, Landschaft und Kultur, liegt die Ursache für den faszinierenden Eindruck, daß Kara-

and sand-dunes, and also by his father's garden-design in Tel Aviv. Restany views the artist as being comprehensively incorporated in traditional Jewish culture, which is manifested in his art in utilization of long-established signs and symbols alongside multifarious commitment to peace and understanding.

Anyone who can measure the value to a community of a landscape won from the sands and the power of imagination that can be evoked by the infinite expanse of

the desert, has some idea of the roots of Karavan's creativity, giving rise to his sure dealings with distance and space. The fact that he works bodily on these artistic areas derives in turn from his Jewish origins. Jewish culture is essentially based on the word and on discussion. Speaking, reciting, recapitulating, and proclaiming the word, the Bible, is embedded in gestures, movements, and a bodily rhythm confirming what is verbally expressed as something lived. That

tradition provides the background for Karavan's way of time and again spatially defining the place selected for a work of art with the same steps on the same path, staging it acoustically with the same words and visually with the same gestures. The work produced within the totality of a person and developed with his best instrument, the body, must then almost inevitably lead to that elemental and humane emanation which this artist's creations mediate. Here in harmony

vans Kunstwerke tief verwurzelt in der Erde und damit im Leben gründen.

Neben der Gestik und dem Wort nutzt Karavan noch eine dritte Grundlage zwischenmenschlicher Kommunikation als künstlerisches Gestaltungsmittel: die Schrift, auch sie ein mythen- und traditionsreiches Element jüdischer Kultur. Sie wird vom Künstler immer an zentraler Stelle eingeführt, nie als Erklärung, immer als Teil des Werkes, als Botschaft. Ob in die Flächen gemeißelt, ob gegossen, geschrieben oder gedruckt, immer greift der Rhythmus der Schrift den inneren Rhythmus des Kunstwerks auf, spiegelt in einem anderen Medium seinen inneren Kern.

In Portbou befindet sich die Schrift an zentraler Stelle im Korridor: das in die Glasscheibe geschnittene Zitat Walter Benjamins über das Erinnern. Man erinnert Vergangenes, man erinnert Verluste, beidem ist Karavans Gedenkort verpflichtet. Aber es gilt mehr als nur Einzelne zu erinnern, es geht auch um das Erinnern einer verlorenen, vernichteten Kultur, der wir zögernd, schuldbewußt und ängstlich gegenübertreten. Es gilt einer Kultur zu begegnen, von der man lernen könnte, unmittelbarer und intensiver im Leben zu stehen, einer Kultur, die Dani Karavan in sich trägt und uns in seiner Kunst offenbart, wenn wir bereit sind, uns ihr zu öffnen.

Erinnern und Begegnung ist Raum gegeben worden, in Portbou.

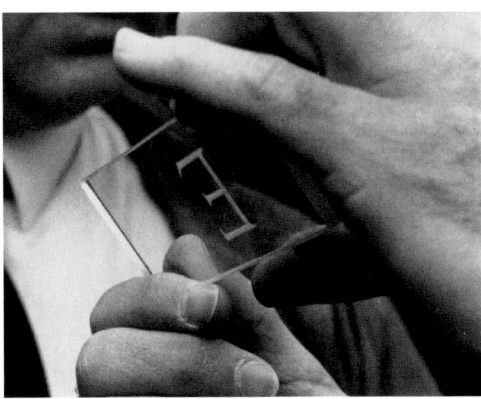

with nature, landscape, and culture is the source of the fascinating impression that Karavan's works of art are deeply rooted in the earth and thus in life.

Alongside the gesture and the word Karavan utilizes a third foundation of inter-human communication as a means of artistic structuring: script as another aspect of Jewish culture, rich in myths and traditions. This is always introduced by the artist at a central point as a part of the work, as a message, but never as an explanation. Whether chiselled, cast, written, or printed on surfaces, the rhythm of writing always takes up the work's inner impulse, reflecting its inner core in another medium.

At Portbou writing appears at a crucial place in the corridor with the Benjamin quotation about remembrance engraved on the glass screen. You remember what is past, you remember what has been lost. Karavan's place of remembrance is committed to both. But more is involved than just remembering individuals. We also have to remember a lost, destroyed culture, which we face hesitatingly, aware of our guilt and anxious. We are called on to encounter a culture which might teach us how to lead a less estranged and more intensive life, a culture that Dani Karavan bears within himself and reveals to us in his art if we are ready to open ourselves to it.

Memory and encounter have been accorded space at Portbou.

Walter Benjamin *Gesammelte Schriften V, S. 216*

Die ersten Eisenbauten dienten transitorischen Zwecken: Markthallen, Bahnhöfe, Ausstellungen. Das Eisen verbindet sich also sofort mit funktionalen Momenten im Wirtschaftsleben. Aber was damals funktional und transitorisch war, beginnt heute in verändertem Tempo formal und stabil zu wirken.

The first iron builduings served transitory purpose: Market halls, railway stations, exhibitions. Iron is thus immediately linked with functional aspects of economic life. But what was at that time functional and transitory begins today – when the pace of life has changed – to seem formal and stable.

Durch meine Tätigkeit als Architekt des Hafens von Llanca komme ich häufig in die Gegend der nördlichen Costa Brava. Deshalb hatte ich schon sehr früh von dem Kunstprojekt erfahren, das in der Nachbargemeinde Portbou zur Erinnerung an einen deutschen Philosophen entstehen sollte, der dort während des Zweiten Weltkriegs auf der Flucht umgekommen war. Anhand der Zeitungsberichte hatte ich mir jedoch nur ein vages Bild von den Vorstellungen des israelischen Künstlers machen können, der dieses Werk im Auftrag der deutschen Regierung gestalten sollte. Doch nach der Grundsteinlegung, die in großer Öffentlichkeit stattgefunden hatte, hörte ich eine ganze Weile nichts mehr von dem Projekt. Ich vermutete, daß es vielleicht nicht zustande gekommen sei. Das

hätte ich bedauerlich gefunden, denn gerade an dieser Grenze, die auch für uns Katalanen eine schicksalhafte Grenze in unserer Geschichte darstellt, hätte ein solches künstlerisches Mahnmal gegen Gewalt und Vertreibung, ein Gedenkort für das Exil der 30er und 40er Jahre, eine besonders einfühlsame und auch notwendige Geste für die Opfer dieser Jahre bedeutet. Außerdem war ich sehr gespannt, welche künstlerische Lösung für dieses anspruchsvolle Projekt gefunden worden war und hätte sie gerne realisiert gesehen.

Für mich verband sich dieses Projekt spontan mit Erinnerungen an meine Jugend, besonders an die Galerietätigkeit meiner Eltern, die während der Franco-Ära gegen alle Widerstände Künstler wie Picasso, Miro, Tapies und Chillida ausge-

stellt hatten, Künstler, die ich persönlich kennen und schätzen gelernt habe. Das Thema 'Kunst und Widerstehen' und 'Kunst zu Ehren von Menschen, die widerstanden haben', traf daher meine persönliche Neigung zu diesen Richtungen der modernen Kunst.

Daß ich selbst einmal an dem Projekt in Portbou beteiligt sein sollte, fiel mir dabei aber nicht im Traum ein. Um so erfreuter und überraschter war ich, als ich, vermittelt über die Deutsche Vertretung in Figueres, von den Organisatoren darum gebeten wurde, ihnen als beratender Architekt zur Seite zu stehen.

Ich erklärte mich sofort dazu bereit. Und schon bei meinem ersten Treffen mit Ingrid und Konrad Scheurmann erfuhr ich, daß meine Vermutungen über Schwierigkeiten bei dem Projekt nicht

Pere Gaspar i Farreras

Meine Rolle war eher die eines Dolmetscher
My role was more that of an

My work as architect responsible for the harbour of Llanca frequently brings me to the northern part of the Costa Brava. So I heard at a very early stage about the artistic project planned in nearby Portbou in honour of a German philosopher who had died there while fleeing sometime during the second world war. However, newspaper reports only gave a vague idea of what was intended by the Israeli artist whom the German government had charged with this enterprise. After the foundation stone had been laid in a big ceremony, I heard nothing more about the project for a long time. I assumed that things had perhaps not worked out. That

would have been a pity since such an artistic monument, erected as a warning against violence and expulsion, commemorating the exiles of the thirties and forties, could have been an especially sensitive and necessary gesture with regard to the victims of those years – particularly on what is a fateful frontier within Catalan history too. I was also very eager to discover what artistic solution had been found for this ambitious project whose implementation would have been welcome.

For me this venture was spontaneously linked with memories of my youth, in particular of my parents' gallery where, despite all the opposition during the Franco era, they

exhibited such artists as Picasso, Miro, Tapies, and Chillida, artists I got to know personally and esteem. The theme of "Art and Resistance" and "Art in Honour of Those Who Resisted" thus accorded with my personal inclinations within modern art. I never dreamt, however, that I would one day be involved in the project at Portbou. So I was all the more delighted and surprised when the German mission in Figueres communicated to me the organizers' request that I should become their architectural consultant.

Immediately I said "Yes". During my very first meeting with Ingrid and Konrad Scheurmann I found out that my assumptions about difficulties in conjunction with the

ganz unbegründet waren. Das Deutsche Außenministerium hatte seine ursprüngliche Finanzierungszusage zurückgezogen. Die beiden Organisatoren und der Künstler Dani Karavan, den ich kurze Zeit später kennenlernte, hofften, das Projekt realisieren zu können, und baten mich um Geduld. Ich sagte ihnen meine Unterstützung zu, denn ich war von dem künstlerischen Entwurf, den Karavan neben dem Friedhof des kleinen Grenzortes realisieren wollte, sehr beeindruckt. Dort sollte ein äußerst behutsames Werk mit einer hohen künstlerischen Qualität entstehen, dies wurde mir schnell klar. Außerdem fühlte ich mich von dem Engagement und der Überzeugungskraft des Ehepaars Scheurmann persönlich so stark angesprochen, daß ich mich gerne in die Verantwortung nehmen ließ. Doch

erst einmal galt es zu warten.

Ich hatte die Geduld, um die man mich gebeten hatte, und als die Finanzierung dann sicher war und alles ganz schnell gehen mußte, befand ich mich plötzlich als leitender Architekt mitten in einem Kunst- und Bauprojekt, das, so glaube ich, jeden, der daran beteiligt war, ein Stück verändert hat.

Die Pläne, die ich als Grundlage meiner Arbeit erhielt, bedurften noch intensiver Überarbeitung. Viele Details mußten besonders hinsichtlich ihrer Machbarkeit geklärt werden. Ich erkannte aber bald, daß ein Kunstwerk, zumal ein begehbares, anderen Gesetzen zu gehorchen hat als z. B. der Bau einer Freitreppe oder eines normalen öffentlichen Platzes. Die Besonderheit des künstlerischen Entwurfs erforderte eine entsprechende

Sorgfalt bei der Auswahl der Firmen und eine sehr enge Kommunikation zwischen allen Beteiligten. Auf der einen Seite galt es, für das Werk sämtliche Freiheiten auszuloten, die die Bauverordnungen gewährten, auf der anderen Seite mußten die Vorstellungen des Künstlers den Unternehmern und Arbeitern nahegebracht werden, um sie auf die speziellen Anforderungen einzustimmen, die die Konstruktion der großen Stahlelemente in sich barg.

Für alle war die Zusammenarbeit an einem Kunstwerk eine ungewohnte Sache. Meine Rolle war eher die eines Dolmetschers zwischen Künstler und Firmen als die eines Architekten. Für die Arbeiter und Techniker war es sehr ungewöhnlich, auf einen Künstler hören zu müssen, dessen „Sprache" sie erst verstehen lernen

zwischen Künstler und Firmen als die eines Architekten
nterpreter between artist and firms rather than that of an architect

project were not completely unfounded. The German Foreign Ministry had withdrawn its original offer to finance the venture. The two organizers and the artist – I met Dani Karavan shortly afterwards – still hoped to be able to implement it and asked me to be patient. I promised my support since I was very impressed by Karavan's plans for the area alongside the little frontier town's cemetery. I quickly realized that his work would be extremely discrete and of high artistic quality. Also I felt so personally touched by the Scheurmanns' commitment and persuasiveness that I gladly accepted a share of the responsibility. However, the immediate necessity was to wait.

I had the patience required of me, but when the financing had been secured everything had to happen very fast. I, as the chief architect, suddenly found myself at the centre of an artistic and building project which I believe changed everyone involved.

The plans I received as the basis for my work had to be greatly revised. The feasibility of many details had to be clarified. I soon recognized though that a work of art – and particularly one you could walk through – obeyed laws unlike those involved in the construction of an open-air stairway or a normal public place. The special features of this artistic enterprise called for corresponding care in selection of

the firms involved and very close communication betweeen all participants. On the one hand it was necessary to exploit all the freedoms accorded by building regulations for such a work; on the other, the artist's ideas had to be conveyed to employers and workers so as to gain their agreement to the special demands involved in construction of the large steel components.

For everyone involved working together on a work of art was something unfamiliar. My role was more that of an interpreter between artist and firms rather than that of an architect. For the workers and technicians it was very unusual to have to listen to an artist whose "language" first had to be learned,

mußten, und zu erleben, daß der Architekt nur eine mitarbeitende Rolle ausübt. Dies führte anfangs zu Verunsicherungen. Überraschend und unerwartet für die Firmen war es auch, daß Dani Karavan sich vorbehielt, Elemente seines Entwurfs auch noch während des Herstellungsprozesses zu ändern oder zu verwerfen, und ihnen allen so eine ungewohnt große Flexibilität in ihren Arbeits- und Fertigungsweisen abverlangte.

Doch die Irritationen waren schnell behoben, als die Techniker und Handwerker merkten, wie präzise Dani Karavan arbeitet und wie hoch sein Anspruch an die Qualität ihrer Arbeit ist. Und sie spürten auch, daß er sein Werk in sich trug und es lebte. Auf dieser Ebene verstanden sich Künstler und Arbeiter ausgezeichnet. Es entstand eine sehr konzentrierte Arbeitsatmosphäre, die zu einem engen Zusammenwachsen des gesamten Teams führte. Jeder erlebte nämlich plötzlich, daß sein handwerkliches Können nicht nur der Herstellung alltäglicher Bauelemente dienen kann, sondern sich auch in ganz andere, eben künstlerische Zusammenhänge integrieren ließ. Diese ganz neue Erfahrung einer freieren Sinngebung der eigenen Arbeit rief ein außerordentliches Engagement an Karavans Projekt hervor und führte dazu, daß jeder bereit war, das ganze Spektrum seiner Fähigkeiten auszuschöpfen. Karavan schien mit seiner Ausstrahlung die Kräfte aller Beteiligten auf diesen Ort zu konzentrieren.

Wenn der Gedenkort „Passagen" heute den Besuchern die Vision Dani Karavans mit der hohen, in vielen Zeitungsartikeln hervorgehobenen Ausdruckskraft vermittelt, liegt das sicher daran, daß in ausgiebigen Diskussionen um die schlüssige Form des Ganzen gerungen wurde, daß jedes Detail immer noch einmal besprochen und in Zweifel gezogen worden ist, bevor eine endgültige Entscheidung darüber fiel. Beeindruckt hat mich bei diesem Bauvorhaben immer wieder, wie Karavan während der gesamten Bauphase sein Werk immer noch um einen Schritt weiter präzisierte und es so zu der geschlossenen Gestalt führte, in der es jetzt erscheint.

Wer auf die Details der Fertigung achtet und nur einmal mit den Händen über die Kanten und Flächen der Stahlkonstruktion streicht, wer sich vorzustellen vermag, unter welchen Bedingungen z. B. die Fundamente gegossen oder die Stahlwände aufgerichtet worden sind, der wird den Geist spüren, aus dem heraus dieses Werk entstanden ist. Und der wird hinter der sichtbaren Hommage an Walter Benjamin das Engagement der Menschen fühlen, die sie geschaffen haben.

and to experience the architect only playing a collaboratory role. In the beginning that led to uncertainties. It was also surprising and unexpected for the firms involved that Dani Karavan claimed the right to change or abandon elements in his plan even during the process of manufacture, thereby demanding from all of them an unaccustomed degree of flexibility in the way they worked. And yet annoyances were quickly overcome when the technicians and craftsmen saw how precisely Dani Karavan operated and what great demands he made on the quality of their work. They also sensed that he carried this project within himself and lived it. On that level artist and workers understood one another excellently. There developed a very concentrated working atmosphere, which led to the entire team becoming very close. Each person suddenly experienced that his craft skills did not only serve the manufacture of everyday constructional elements but could also be integrated in very different artistic contexts. This entirely new experience of greater meaningfulness within their work generated exceptional commitment to Karavan's project, leading to everyone being ready to call on the entire range of their skills. Karavan's personal impact seemed to focus on this place the energies of all those involved.

If the "Passages" memorial today mediates to visitors Dani Karavan's vision with an expressiveness stressed in many newspaper articles, this is certainly an outcome of the fact that the final overall form was wrested out of protracted discussions and every detail was questioned and further discussed before being finalized. Time and again during the entire construction phase I was impressed by the way in which Karavan took one step at a time, making his work more precise and thereby taking it towards the unified whole now achieved.

Anyone who devotes attention to the constructional details and just once runs his hands across the steel structure's edges and surfaces, and anyone who reflects on the circumstances underlying the pouring of the foundations or erection of the steel walls, will sense the spirit in which this work came into being. Behind visible homage to Walter Benjamin he will also feel the dedication of the persons who created it.

Als der Architekt Pere Gaspar mir mitteilte, daß unsere Firma den Auftrag erhalten habe, für das Erinnerungsmonument zu Ehren von Walter Benjamin die Stahlkonstruktion herzustellen, war ich zunächst sehr überrascht und fühlte mich zugleich herausgefordert. Ich hatte erwartet, daß die Auftraggeber diesen bedeutenden und auch ungewöhnlichen Auftrag an eine der großen Konstruktionsfirmen der Region vergeben würden. Denn wir sind nur ein kleiner Familienbetrieb, der zwar auf eine 150jährige Tradition zurückblicken kann, für den ein so herausragendes Projekt jedoch etwas Einmaliges in der Firmengeschichte darstellt.

Es war auch das erste Mal, daß wir mit einem Künstler zusammenarbeiten sollten und empfanden dies als eine große Ehre, zugleich aber auch als eine Verpflichtung, unser ganzes Können in diese Aufgabe zu investieren. Als uns der Architekt anhand der ersten Pläne die Bedeutung des Kunstwerks erklärte und die Vorstellungen des Künstlers erläuterte, wurde uns schnell klar, daß wir uns mit mehr als nur einer Konstruktion auseinanderzusetzen hatten. Wir hörten aus den Worten des Architekten den hohen Qualitätsanspruch des Künstlers heraus und bekamen eine Ahnung von den großen Erwartungen der Auftraggeber, die zu alledem noch sehr enge zeitliche Grenzen setzten.

Ich vermutete, daß die Zusammenarbeit mit einem so anerkannten internationalen Künstler nicht so einfach sein würde, vor allem rechnete ich damit, daß es schwierig werden könnte, seinen Vorstellungen technisch zu entsprechen und seine Ideen in eine Konstruktion umzusetzen. Dies schien sich auch zu bewahrheiten, als wir in Portbou bei den ersten Treffen mit dem Künstler merkten, daß die Pläne, die uns vorlagen, nicht bis ins letzte Detail verbindlich waren. Der Künstler hatte sich vorbehalten, nach Prüfung aller Einzelheiten vor Ort die letzte Entscheidung über die Ausführung der einzelnen Elemente zu treffen – oft erst, nachdem er dies an Modellstücken geprüft hatte.

Auch wenn uns das während der Bauzeit manchmal in Atem gehalten hat, weiß ich heute diese Art der Zusammenarbeit mit Dani Karavan zu schätzen. Er vertritt auf seinem künstlerischen Gebiet das gleiche Maß an Perfektion wie wir als herstellende Firma. Dies hat ihm schnell Sympathien und die Achtung aller Handwerker eingebracht. Ich denke, wir sind alle froh darüber, dieses Projekt übernommen und es mit Dani Karavan gemeinsam ausgeführt zu haben. Seine Kraft und seine Fähigkeit, Menschen von

Heribert Mitjà

Der Künstler hat in jedem, der an dem Projekt beteiligt wa
Karavan awoke something of an artis

When architect Pere Gaspar informed me that our firm had won the contract for producing the steel structure in the Walter Benjamin memorial, I was initially very surprised and at the same time felt challenged. I had expected that this important and unusual contract would go to one of the region's big construction companies. We are only a small family firm, which may have been in existence for 150 years but has never previously been involved in such an outstanding project.

This was also the first time we had co-operated with an artist, and we thought that both a great honour and also a responsibility, demanding investment of all our skills. When the architect showed us the first plans and explained the significance of this work of art, we quickly realized we were involved in more than just a construction job. What the architect told us revealed the artist's insistence on quality, and we got some idea of the clients' great expectations, coupled with a very tight schedule.

I anticipated that working together with such an internationally recognized artist would not be so easy. Above all, it might be difficult to implement his ideas technically and to put them into effect in the construction. That seemed to be confirmed during our first encounter with Dani Karavan at Portbou when we saw that the plans presented to us were not fixed down to the last detail. Instead the artist reserved the right to make a final decision about individual elements only after he had checked all the details on the spot, often first testing out trial elements.

That approach sometimes kept us in suspense during the construction period, but now I know the advantages of that way of working with Dani Karavan. In his artistic realm he insists on perfection as does our company. That quickly gained him our sympathy and the respect of our skilled workers. We are all pleased to have taken on this project and to have implemented it together with Dani Karavan. We all felt his power and his ability to convince people of what he intended. The architects often had to leap in as translators, building a bridge be-

seinem Konzept zu überzeugen, haben wir alle gespürt. Oft mußten zwar die Architekten als Übersetzer einspringen und eine Brücke zwischen Künstler und Konstrukteur schlagen – was sie meisterhaft verstanden haben –, doch ist es Karavan immer gelungen, uns von der künstlerischen Notwendigkeit seiner Entscheidungen zu überzeugen.

Er zog jeden in seinen Bann. Alle haben mit einem gemeinsamen Ziel, einem gemeinsamen Geist gearbeitet, das ist etwas sehr Seltenes auf Baustellen. Der Künstler hat in jedem, der an dem Projekt beteiligt war, auch etwas von einem Künstler geweckt, zumindest aber das Gefühl für künstlerische Arbeit. Jeder fühlte sich gefordert und verantwortlich, sein bestes handwerkliches Können einzubringen. Ich glaube, Dani Karavan hat mit seinem großen Engagement an diesem Gedächtnisort etwas von dem Geist

Benjamins in das Projekt hineingebracht. Jedenfalls war das Gefühl von Freundschaft, das diesen Bau begleitet hat, für uns – und ich glaube für alle Beteiligten – einmalig und eindrucksvoll. Ein Glücksfall.

Das Gefühl, gemeinsam etwas Bedeutendes geleistet zu haben, läßt einen dann schnell vergessen, wie hart und übergroß die Anstrengung zeitweilig war, und daß man aus Sorge, ob alles genau bedacht und berechnet ist und ob alles zusammen passen wird, manchmal nicht richtig schlafen konnte. Insofern ist eine Baustelle in gewisser Weise wie ein Kind, manchmal macht es viel Freude, manchmal weniger. Doch jeder hat während der Zeit, in der es entstanden ist, dieses Projekt gelebt. Es ist, wie wir sagen, mit Hammerschlägen gemacht, aber sehr fein und mit Liebe zur Sache ausgeführt. Es ist eine Arbeit, die aus dem Herzen

heraus entstanden ist, aus dem Herzen aller Beteiligten.

Auch wenn wir von Walter Benjamin und seiner Philosophie nur wenig wissen, sind wir uns der Bedeutung des Gedenkortes bewußt.
Wir empfanden es alle als eine Ehre, an einem Projekt mitarbeiten zu können, das zu Menschlichkeit, Mitgefühl und Toleranz auffordert und für eine der grausamsten Epochen unseres Jahrhunderts um Verzeihung bittet, indem es an die Opfer erinnert. Wir wissen aus unserer eigenen Geschichte, was Gewalt und Diktatur bedeuten. Wenn unsere Arbeit den Ideen, die Dani Karavan mit seinem Werk verbindet, durch eine gute Ausführung der Konstruktion zum Ausdruck verhilft, bin ich sehr glücklich.

auch etwas von einem Künstler geweckt
n everyone working on the project

tween artist and workmen, which they did in masterly fashion, but Karavan always succeeded in persuading us about the artistic necessity of his decisions.

He captivated everyone. All worked towards a shared objective and in the same spirit, which is very rare on building-sites. Karavan awoke something of an artist in everyone working on the project – or at least a feeling for artistic work. Everyone felt challenged and responsible, called on to demonstrate their best craft skills. With his great commitment to this commemorative site I think Dani Karavan brought something of Benjamin's spirit into the project. At any rate the feeling of friendship accompanying this project was

impressive and unique – for us and I think for everyone involved. A real stroke of luck.

The feeling of having worked together on something important allows you to quickly forget what great exertions were at times demanded, and how you sometimes could not sleep properly out of concern about whether everything had been taken into account and would fit together. A building-site is thus to a certain extent like a child. Sometimes it gives you great pleasure, at others less. Nevertheless everyone lived this project when it was under way. It was a tough assignment but very precisely and lovingly implemented. This was work from the heart, from the heart of all those involved.

Even though we know little about Walter Benjamin and his philosophy, we are aware of the importance of the place of commemoration. We all felt honoured to be able to work on a project calling for humanity, compassion, and tolerance, asking for forgiveness for one of our century's cruellest epochs by recalling the victims. We know from our own history what violence and dictatorship involve. If our good workmanship helps express the ideas Dani Karavan links with his creation, then I am very happy.

Die Straße paßt sich zwischen Meer und Berge ein. Kurven, ständig Kurven, in dem steilen Abhang zwischen den hohen Felswänden und dem steinigen Strand. Ich kenne die Strecke fast auswendig – der Wagen scheint wie von selbst zu fahren. Städte wie auf Postkarten und Urlauber an den Stränden. Banyuls-sur-Mer. Eine Pause auf der Strecke. Vor fünfzig Jahren ein Ausgangspunkt für andere. Cerbère, die letze Stadt vor der spanischen Grenze. Die Straße klettert am Abhang entlang. Kurz vor dem Gipfel der Grenzposten. Die schläfrigen Zöllner geben mir das Zeichen zum Passieren, ohne uns zur Kontrolle anzuhalten. Auf der anderen Seite des Gipfels öffnet sich der Blick nach Süden.

Mitten in der bläulichen Bucht ein verschlafener Marktflecken, Portbou. Hoch am Rand eines Hügels liegt der Friedhof, der sich – scheinbar Halt suchend – an den Abhang klammert, um nicht in den Abgrund zu stürzen. Rechter Hand macht man einen Einschnitt aus, wie eine Wunde in dem Gebirge, und dahin begebe ich mich.

Nun muß man noch die Stadt durchqueren und den Friedhofshügel hinauffahren. Die auf das Meer ausgerichteten Gräberreihen und der Blick in die Ferne bilden einen Kontrast zu dem Einschnitt, der sich in den Felsen gräbt und auf die Felsbrocken und den Strudel im Vordergrund gerichtet ist. In diesem Stadium wirkt die Baustelle wie eine offene

Wunde, in die der Beton als Fundament für die Metallplatten gegossen worden ist, deren Aufrichtung heute beginnt. Der gegossene Beton gleicht einem Verband auf der verletzten Felswand. Auf die Betonmauern sind drei Reihen von Metallschienen montiert, ein Eisenbahngleis für einen imaginären Zug in die Vernichtung. Aber diese Schienen werden niemals sichtbar sein, sie dienen als Stütze für die exakte Aufstellung der Metallplatten.

Der Aufbau geschieht mit Hilfe eines gigantischen Krans, der mit einem langen Zusatzarm versehen ist, um die Ausladung zu vergrößern. Heute weht der Wind stark und macht diese heikle Operation gefährlich. Die äußerst schweren

Gil Percal

The road fits between the sea and the mountains. Curves, constant curves, on the steep slope between high cliff walls and the stony beach. I almost know this stretch by heart. The car seems to find the way by itself. Picture-postcard towns and holiday-makers on the beach. Banyuls-sur-Mer. A break during the journey. Fifty years ago a setting-out point for other people. Cerbère, the last town before the Spanish frontier. The road climbs along the slope. Just before the summit the frontier post. The drowsy customs officer waves us on without any stop for checking. On the other side of the summit the

view opens to the south. In the middle of the blue bay the sleepy little market town of Portbou. High on a hill-side is the cemetery, clinging to the slope as if digging in so as to avoid sliding down the rock-face. On the right a fissure is to be seen, like a wound in the mountains – and it is there that I make my way.

Now I have to cross the town and climb the cemetery hill. The rows of graves pointing out to sea and the distant view contrast with the cut made in the cliff, directed towards the slabs of rock and the turbulent Mediterranean in the foreground. At this stage of building

the site seems like an open wound into which concrete is being poured as the foundation for the metal plates now being set up. The concrete seems like a bandage on the ravaged slope. Three rows of metal rails have been fixed on the concrete walls – a railway track for an imaginary train to extermination. However, these rails will never be visible. They serve as supports for exact positioning of the metal plates.

Erection takes place with assistance from a gigantic crane equipped with a long extra arm, extending its reach. Today the wind is blowing strongly, making this delicate operation dangerous. The extremely

Platten und der sehr lange Arm des Krans nötigen uns dazu, die Einpassung in zwei Schritten durchzuführen: die oberen Platten vom Friedhofsvorplatz aus, die unteren Platten von der Anlegestelle am Fuße des Felsens aus. Die riesigen Platten balancieren in der Luft, im Wind, durch Stahlseile am Kran befestigt, und die Arbeiter – auch sie aus Sicherheitsgründen angeseilt – richten die Platten mit Vorsicht und Genauigkeit aus. Jede Platte nimmt ihren genauen Platz ein, und so entsteht die Kontinuität dieser eigenartigen Stahlmauer.

Die Funken vom Schweißen, die Hammerschläge, die Brandung und das Rauschen des Windes verleihen dieser Szene ihren Ton und ihr Licht; darin richtet

sich der Kran auf, und die Stahlplatten schweben zwischen Himmel und Erde. Der Aufbau geht den ganzen Tag weiter, und allmählich nimmt der Stahlgraben Gestalt an. Er ist schon nicht mehr Teil des Berges. Er ist wie ein Messer in seine Seite gestochen, Überrest einer rostigen Waffe, in die Erde eines Schlachtfeldes geschlagen, Zeuge einer alten Sünde. Der Abstieg in den Tunnel vollzieht sich mit Hilfe von Seilen. Die Stufen sind noch nicht an ihrem Platz, auch nicht die Glasplatte, die das Ende verschließen wird. Angeseilt kann man bis zum Grund des Felsens kommen. Hier kann man die drei Grundelemente dieser Arbeit spüren, fast anfassen: den Felsen, die Leere, das Wasser.

Am Ende dieses Arbeitstages ist der Rückweg derselbe. Anhalten für einen letzten Blick über die Bucht. Der Friedhofshügel liegt im Schatten, die Sonne geht auf der anderen Seite der Berge unter. In der Ferne, über dem Meer, sieht man die letzten Strahlen.

Von hier an fällt der Berg in eine andere Richtung ab, die Straße führt nach Frankreich. Wieder passieren Dani Karavan und ich die phantomhafte Grenzstation, wieder gibt es keine Kontrolle. Niemals hat man uns an dieser Grenze angehalten.

Einschnitt aus, wie eine Wunde in dem Gebirge
a fissure is to be seen, like a wound in the mountains

heavy plates and the very long crane-arm oblige us to implement this operation in two steps: the upper plates from the esplanade in front of the cemetery and the lower plates from the landing-place at the foot of the rocks. The huge plates, fixed with hawsers to the crane, balance in mid-air, in the wind, while workers, also roped up for safety's sake, direct these plates with great care and accuracy. Each plate has a precise place so as to form this remarkable interlinked steel wall.

The sparks from welding, the hammer-blows, the waves, and the whistling of the wind endow this

scene with sound and light in which the crane somehow grows and the steel-plates float between heaven and earth. Erection continues for the entire day, and gradually the steel trench takes shape. It is already no longer part of the mountain. Instead it is like a knife thrust into the hillside, the remnants of a rusty weapon, plunged into the earth of a battlefield, witness to some ancient sin. The descent into the tunnel is assisted with ropes. Neither the steps nor the sheet of glass that will close off the corridor are in place yet. When roped up one can get down to the bottom of the rock. There one can

sense and almost touch the three basic elements involved in this work: rock, emptiness, water.

At the end of this working day the return route is the same. A stop for a last look across the gulf. The cemetery hill is in the shade, and the sun sets on the other side of the mountains. The last rays are still to be seen far across the sea.

From here the slope descends in a different direction and the road leads to France. Once again Dani Karavan and I pass the phantom frontier posts and once again no-one checks us. We have never been stopped at this frontier.

In einem Taxi von Nürnberg auf dem Weg zu der Baumschule, aus der der Baum für das Projekt „Straße der Menschenrechte" kommen sollte, den Dani Karavan begutachten mußte, erfuhr ich zum ersten Mal von dem Projekt „Gedenkstätte für Walter Benjamin". Ich kannte Dani Karavan nun schon über zwei Jahre und wußte die Momente besonders zu schätzen, wenn er anfing zu plaudern. Dann vermischten sich Philosophien, Realitäten, Verärgerungen, Risikofreude und Kampfeslust zu einer wahren Ideenvielfalt. „Incredible" war sein häufigster Zwischenruf. Aus Wörtern wie z. B. Walter Benjamin, Richard von Weizsäcker, Berlin, Portbou, AsKI, Bundesländer, Selbstmord, Friedhof, Felsen, Bucht, schäumen-

des Meer formte sich in meinem Kopf ein vages Bild. Dani Karavan saß in der Taxe und war gedanklich weit weg, weil er so beschäftigt mit seinem Projekt war, das ihm in solchen Augenblicken des Erzählens unendlich wichtig ist.

Eher beiläufig erwähnte Dani Karavan, er habe Herrn Dr. Scheurmann vom AsKI vorgeschlagen, mich als den Berater hinzuzuziehen, der vom Geldgeber gefordert war. Ich verspürte große Lust, die Arbeit dieses Künstlers bei einem weiteren Projekt zu begleiten. Die „Straße der Menschenrechte" in Nürnberg war bereits weitgehend abgeschlossen. Nach kurzer Zeit erhielt ich dann den Anruf von Dr. Scheurmann, und ich bekam meine kleine Rolle bei dem Projekt in Portbou.

Ich las einiges von Walter Benjamin, auch von dem, was über ihn und sein tragisches Ende in Portbou zu erfahren war. Ich studierte Zeichnungen und Skizzen von Karavans Projekt, ich las Kostenberechnungen und Terminpläne von meinem katalanischen Architektenkollegen Gaspar i Farreras. Wir faxten und kommentierten Details, Konstruktions- und Montagevorschläge. Das erste Zusammentreffen aller Beteiligten in Portbou, die sich mit der Umsetzung des Entwurfes beschäftigten, war von der außerordentlichen Kraft bestimmt, die die Persönlichkeit Dani Karavans ausstrahlte.

Für ihn waren alle wesentlichen Fragen längst geklärt, nur noch die optimale

Jan Störmer

Wir verspürten alle Stolz und Dank, für Walter Benjamin
We all felt proud and grateful for being

Travelling in a taxi from Nuremberg to the nursery where the tree intended for the "Street of Human Rights" project was to be shown to Dani Karavan, I first heard about the "Walter Benjamin Memorial" project. I had already known Dani Karavan for two years and particularly enjoyed the moments when he launched into a conversation. Then philosophies, realities, annoyances, delight in risks, and combattiveness came together in a great assemblage of ideas. "Incredible" was his most frequent comment. Something took shape in my head, developed out of references to Walter Benjamin,

Richard von Weizsäcker, Berlin, Portbou, AsKI, the Federal Laender, suicide, cemetery, rock, bay, foaming sea, etc. Dani Karavan sat in the taxi and was absorbed in thought because he was so close to this project which was of enormous importance to him in that moment.

Almost in passing Dani Karavan mentioned he had suggested to Dr. Konrad Scheurmann of AsKI that I should be taken on as an advisor – as the financial authorities demanded. I felt a great wish to be involved with this artist on another project. The "Street of Human Rights" at Nuremberg was almost finished.

Soon afterwards I had a telephone call from Dr. Scheurmann and was given a small part to play in the Portbou project.

I read something by Walter Benjamin and what had been written about his tragic end at Portbou. I studied drawings and sketches of Dani Karavan's project, and scrutinized costings and schedules by Gaspar i Farreras, my Catalan fellow architect. We exchanged fax messages, commenting on details and proposals for construction and assembly. The first meeting at Portbou of all those involved in implementation of the plan was carried along by the exceptional power

Umsetzung war das Thema der Diskussion. Jeder sprach mit jedem, ohne Mißverständnisse, obwohl es sprachlich kaum Gemeinsamkeiten gab. Zuerst halfen das Skizzenbuch und die Gesten, dann doch auch die Sprachen: Katalanisch, Spanisch, Französisch, Deutsch, Englisch und manchmal Hebräisch, was wir alle besonders aufmerksam an diesem Ort hören wollten, aber nicht verstanden. Ich habe nie zuvor bei Bauvorhaben und Baubesprechungen vor Ort ein so solidarisches Empfinden aller gespürt, wie an diesem Ort mit den katalanischen Architekten und Ingenieuren. Sicherlich deshalb, weil wir alle Stolz und Dank verspürten, unter der Leitung von Dani Karavan für Walter Benjamin an diesem Ort etwas tun zu dürfen, was auch noch in der Zukunft an die Vergangenheit erinnern wird, in der auch wir unsere eigene Geschichte haben.

Nachdem die riesigen Stahlplatten und die 87 Stufen, die die 13,45 m Höhenunterschied im eingesägten Felsenspalt überwinden, montiert waren, stellten die katalanischen Architekten, Ingenieure, Firmenchefs und Handwerker einen langen Tisch in die Landschaft und kredenzten frisch gefangene Sardinen und Wein. Die kleinen Fische waren in einem besonderen Holzmehl gebraten; der katalanische Wein wurde – so weit vom Mund entfernt wie der Arm lang ist – aus einer Schnabelflasche getrunken. Wurde anfangs noch der offene Mund erfolgreich getroffen, so verfehlte man unter dem Lachen aller mit fortschreitendem Abend mehr und mehr das Ziel. Arm in Arm saß jeder mit jedem – glücklich. Und immer wieder wurde die Arbeit und das Werk Dani Karavans diskutiert.

Bei der Einweihung am 15. Mai 1994 stand das Team eher traurig zwischen den vielen hochgestellten Persönlichkeiten verstreut. Beeindruckt hat mich an diesem Wochenende das vollendete Werk von Dani Karavan und die Anwesenheit von Lisa Fittko, die die Nähe zu Walter Benjamin vermitteln konnte. Etwas Vergleichbares wird es so nie wieder geben.

an diesem Ort etwas tun zu können
llowed to do something for Walter Benjamin

emanating from Dani Karavan's personality.

For him all the essential issues had long been clarified. All that had to be discussed was optimal implementation. Despite the diversity of languages people talked to each other without misunderstandings: at first the sketchbook and gestures helped, and then even languages – Catalan, Spanish, French, German, English, and sometimes Hebrew, which we all listened to particularly attentively in this place but failed to understand. Never before in previous building projects and local discussions had I felt such solidarity as here with the Catalan architects and engineers. That was certainly so because we all felt proud and grateful for being allowed to do something for Walter Benjamin – under Dani Karavan's leadership – which will in future recall the past where each of us has his own story.

After the huge steel plates and the 87 steps were in place, descending 13.45 metres in a cleft carved out of rock, the Catalan architects, engineers, heads of firms, and skilled workers set up a long table in the landscape and served freshly caught sardines and wine. These little fish were baked in a special flour, and Catalan wine was drunk out of a long-necked bottle held at arms-length. In the beginning people succeeded in directing the wine into their mouths, but laughter increasingly deflected their aim as the evening proceeded. Arm in arm, happy, each and all time and again discussed this job and Dani Karavan's work.

At the inauguration on May 15th 1994 the team was somewhat sadly dispersed among the many prominent personalities. I was impressed during this weekend by Dani Karavan's creation and by the presence of Lisa Fittko, mediating closeness to Walter Benjamin. There will never again be a comparable occasion.

Walter Benjamin *Gesammelte Schriften I, S. 462*

Es ist von jeher eine der wichtigsten Aufgaben der Kunst gewesen, eine Nachfrage zu erzeugen, für deren volle Befriedigung die Zeit noch nicht gekommen ist.

One of the most important tasks of art has always been to create a demand for whose complete satisfaction the time has not yet come.

Mit dem Denkmal, das heute einge- weiht wird, ist bildlich die Passage geschaffen, die Walter Benjamin, dem Flüchtling vor der Naziverfolgung, am 26. September 1940 verwehrt wurde. Ich danke Dani Karavan für die Intensität dieses Kunstwerks, dessen abstrakte Sprache uns mit überwältigender Eindringlichkeit nahebringt, worum es damals ging und was auch in unserer Zeit immer wieder auf dem Spiel steht.

Der Gemeinde Portbou und der katalanischen Regierung danke ich dafür, daß sie diesem Denkmal nicht nur ihre Gastfreundschaft, sondern auch ihre aktive Förderung zuteil werden ließen. Auf der Flucht Walter Benjamins hatte Portbou Durchgangsort sein sollen. Durch seinen Tod wurde es zu seiner letzten Stätte.

Durch die Offenheit der heutigen Gemeinde, die nun ein Symbol der Passage in die Freiheit beherbergt, wurde es zu der Heimat, die Walter Benjamin zu seinen Lebzeiten nie fand.

Auch die „Passagen", die wir im Werk dieses großen Überbrückers von Widersprüchen finden, werden uns in Portbou bewußt gemacht. Walter Benjamin sah Geschichte nicht als etwas Lineares. Auch sein Werk und sein Leben waren es nicht. Um so näher waren beide der Wahrheit, die kein Dogma je zu totalisieren vermag.

Das ist der Grund, warum Walter Benjamin, dieser große humane Denker, heute zu uns spricht. Sein Leben endete in Portbou, aber mit seinem unvollendeten Werk war er seiner Zeit weit voraus-

geeilt. Das Zusammenspiel des sinnlich Wahrnehmbaren und des Gedanklichen, des Materiellen und des Ideellen, das die Kunst und das gesellschaftliche Leben der Gegenwart wie nie zuvor prägt, wurde von Walter Benjamin vorempfunden und für uns vorgezeichnet. Die Passage der Zeiten war für ihn offen. Er hat sie gegen alle Widerstände durchquert.

Grußwort des ehemaligen Bundespräsidenten Dr. Richard von Weizsäcker zur Eröffnung des Gedenkortes am 15. Mai 1994

Richard von Weizsäcker

Die Passage der Zeiten war für ihn offen
The passage of time was open for him

With the memorial inaugurated today the passage withheld on September the 26th 1940 from Walter Benjamin, the refugee faced with Nazi persecution, has been established for all to see. I would like to thank Dani Karavan for the intensity of this work of art whose abstract language brings us closer, with overwhelming urgency, to what was then at stake and is time and again at issue in our own days.

Furthermore I am grateful to the community of Portbou and the Catalan government for having both welcomed and actively supported this memorial. Portbou should have been a place of transit

during Walter Benjamin's flight. Through his death it became his final resting-place. Thanks to the responsiveness of today's community, which now accomodates a symbol of the passage to freedom, Portbou has become the home that Walter Benjamin never found during his lifetime.

The "Passages" which we find in the work of this great reconciler of opposites are also revealed to us at Portbou. Walter Benjamin did not see history as something linear. His works and his life were not linear either. For that very reason both were closer to the truth to which no dogma can ever lay total claim.

That is the reason why Walter Benjamin, the great humane thinker, speaks to us today. His life ended at Portbou, but with his unfinished work he was far ahead of his time. The interplay of the sensuously perceptible and the conceptual, of the material and the spiritual, which shapes contemporary art and social life as never before was sensed in advance and sketched out for us by Walter Benjamin. The passage of time was open for him. He travelled through time despite all resistance.

A message from Dr. Richard von Weizsäcker, former Federal President, on the occasion of the opening of the memorial, May 15th, 1994

Das Denkmal für Walter Benjamin, das neben dem Friedhof von Portbou liegt – im Angesicht des Meeres – möchte zum Nachdenken und zur Besinnung anregen.

Walter Benjamin war ein Mensch auf der Flucht. Er flüchtete aus seinem Land, vor allem aber flüchtete er vor Intoleranz und Unverständnis. Damals fand er auch hier nicht das aufnahmebereite Katalonien vor, das wir im Laufe unserer Geschichte immer haben sein wollen.

Heute sind wir sehr glücklich, uns mit den deutschen Bundesländern an „Passagen", dem von Dani Karavan entworfenen Denkmal, beteiligen zu können, um dem Andenken an den Menschen Walter Benjamin Dauer zu verleihen.

Dieses Denkmal ist eine Huldigung an die Freiheit und an das Zusammenleben aller Völker. Ich hoffe und wünsche, daß es heute, da die Menschheit dringender denn je auf moralische Werte angewiesen ist, jedem einzelnen als Beispiel dienen möge.

Grußwort von Jordi Pujol, Präsident von Katalonien, zur Eröffnung des Gedenkortes am 15. Mai 1994

Jordi Pujol

Dieses Denkmal ist eine Huldigung an die Freiheit
This memorial is a tribute to freedom

The memorial to Walter Benjamin, next to Portbou's cemetery in sight of the sea, is intended to provoke thought and reflection. Walter Benjamin was a man in flight. He fled from his own country, but above all he fled from intolerance and lack of understanding. At that time he did not find here a Catalonia ready to receive exiles, as we have always aimed to be throughout our history.

Today we are very happy to be able to participate with the German Federal Laender in Dani Karavan's "Passages" memorial in order to perpetuate remembrance of Walter Benjamin.

This memorial is a tribute to freedom and co-existence. I hope and wish that today, when humanity more urgently needs moral values than ever before, it may serve as an example for every one of us.

A message from Jordi Pujol, President of Catalonia, on the occasion of the opening of the memorial, May 15th, 1994

„Die abendländische Zivilisation setzte stets sehr große Erwartungen in ihr eigenes Gedächtnis."

Diese Feststellung hat der französische Historiker Marc Bloch getroffen. Ich weiß nicht, ob sich Walter Benjamin und Marc Bloch je begegnet sind oder ob sie voneinander gehört haben. Doch beide sind Opfer der schrecklichen Greuel und des furchtbaren Sturms, der in unserem Jahrhundert, von Deutschland ausgehend, Europa verwüstet hat. Bloch, der 1942 bei der Besetzung Südfrankreichs durch die deutschen Nazi-Schergen als Jude seine Professorenstelle verlor und im Sommer 1944 als Widerstandskämpfer in der Nähe von Lyon von der Gestapo erschossen wurde, gehörte zu den Vätern einer neuen Generation von Historikern, die eine moderne, alle Lebensbereiche einbeziehende Geschichtsschreibung entwickelte mit dem Ziel einer historischen Anthropologie. „Geschichte ist die Wissenschaft von den Menschen in der Zeit", sagt Bloch.

Wir wollen mit der Gedenkstätte, die wir heute eröffnen, die Erinnerung an Walter Benjamin und an alle Flüchtlinge, die von 1933 an Deutschland und Europa verlassen mußten, bewahren. Denn Marc Bloch hatte recht: Wir setzten große Erwartungen in unser Gedächtnis. Wir wollen die Vergangenheit kennenlernen und wir wollen sie verstehen, um die Opfer zu ehren und um unsere Gegenwart und Zukunft zu gestalten.

Im Schicksal Walter Benjamins spiegelt sich das Schicksal der Besten einer ganzen Generation. Wie viele, denen es gelang, aus Deutschland und aus den besetzten europäischen Ländern zu fliehen, fanden nirgendwo Asyl? Wie viele Jüdinnen und Juden erreichten die Küste Palästinas und wurden wieder zurückgeschickt? Nach Zypern in Internierungslager oder zurück nach Deutschland in den sicheren Tod. Diese Opfer verpflich-

Hans Eichel

Im Schicksal Walter Benjamins spiegelt sich das Schicksa
In the fate of Walter Benjamin is reflecte

"Western civilization has always had very great expectations of its memory".

That assertion was made by Marc Bloch, the French historian. I do not know whether Walter Benjamin and Marc Bloch ever met, or whether they heard of one another. However, both were victims of the atrocities and the terrible storm which, emanating from Germany, devastated Europe in our century. Bloch, who as a Jew lost his professorship in 1942 after Nazi henchmen had occupied the south of France and as a member of the Résistance was shot by the Gestapo near Lyon in summer 1944, is one of the fathers of a new generation of historians that developed a modern form of historiography intended as historical anthropology incorporating all spheres of life. "History" – said Bloch – "is the science of human beings in time".

With the memorial we are inaugurating today we want to preserve the memory of Walter Benjamin and all refugees who had to leave Germany and Europe from 1933 onwards. Marc Bloch was right. We have had very great expectations of our memory. We want to get to know the past and we want to understand it so as to pay tribute to the victims and to shape the present day and the future.

In the fate of Walter Benjamin is reflected the destiny of the best members of an entire generation. How many of those who succeeded in fleeing from Germany and occupied European countries failed to find asylum anywhere? How many Jews and Jewesses reached the coast of Palestine and were then sent back again – to internment

ten uns alle, aber vor allem uns Deutsche. Sie verpflichten uns, für ein friedliches und gerechtes Zusammenleben einzutreten. Sie verpflichten uns, Verfolgten und Bedrohten Zuflucht zu gewähren. Das Asylrecht ist kein Luxus, den sich ein reiches Land leistet und auf den es verzichtet, wenn die wirtschaftliche Konjunktur nachläßt und sich die Stimmung in einigen Teilen der Bevölkerung dagegen richtet. Das Asylrecht in Deutschland und in der Europäischen Union ist eine strenge Verpflichtung denen gegenüber, die verfolgt und bedroht sind.

Walter Benjamin hat sich wohl umgebracht, als sein Fluchtweg zu Ende war.

Bertolt Brecht, selbst ein Flüchtling, hat ihm und anderen, wie Margarete Steffin und Caspar Neher, in verschiedenen Gedichten schon 1941 Denkmäler gesetzt. „Ich notiere auf einen kleinen Zettel die Namen derer, die nicht mehr um mich sind," schrieb Brecht.

Dem Gedächtnis durch die Gedichte Brechts hat Dani Karavan jetzt das Gedächtnis dieser Gedenkstätte hinzugefügt. Es war für das Land Hessen ebenso wie für Baden-Württemberg selbstverständlich, wider das Vergessen einen Beitrag zu dieser Gedenkstätte zu leisten, nachdem sich der Bund aus der Finanzierung zurückgezogen hatte.

Viele andere deutsche Länder haben sich auf meine Anregung hin angeschlossen. Dies ist übrigens ein Beispiel dafür, wie wichtig der Föderalismus als eine Form der staatlichen Gewaltenteilung ist. Nachdem der Bund diese in meinen Augen völlig unverständliche und falsche Entscheidung getroffen hatte, gab es in Deutschland andere staatliche Institutionen, die korrigierend wirken konnten.

Dani Karavan hat ein Kunstwerk geschaffen, das nicht nur an die Vergangenheit erinnert und das die Opfer würdigt, sondern das auch in die Zukunft weist.

Daß dieses Kunstwerk entstehen konn-

...der Besten einer ganzen Generation
...he destiny of the best members of an entire generation

camps on Cyprus or to certain death in Germany? Those victims impose an obligation on all of us, but above all on us Germans. We are obliged to act on behalf of peaceful and just co-existence. We are obliged to grant refuge to the persecuted and the threatened. The right to asylum is not a luxury accorded by a rich country and then renounced when the economy is doing less well and some people are against it. The right to asylum in Germany and in the European Union is a strict obligation with regard to those who are persecuted

or threatened.

Walter Benjamin probably killed himself when further flight was blocked. As early as 1941 Bertolt Brecht, himself a refugee, created memorials to Benjamin and others, including Margarete Steffin and Caspar Neher, in various poems. "I note down on a scrap of paper the names of those who are no longer around me" – wrote Brecht.

Dani Karavan has now added the memory expressed in this place of commemoration to the memory in Brecht's poems. For the Laender of Hesse and Baden-Württemberg

making a contribution on behalf of this memorial and against forgetting was something that simply had to be done after the federal authorities withdrew from financing the venture. Many other German Laender followed in response to my proposal. That also exemplifies the importance of federalism as a form of division of powers within a state. After the federal authorities took what in my opinion was a completely incomprehensible and wrong decision, there were other state institutions in Germany which could act as a corrective.

te, verdanken wir vielen engagierten Akteuren, die dazu beigetragen haben. Mein Dank gilt Herrn Präsidenten Pujol für die großzügige Spende, mit der Katalonien die Finanzierung der Gedenkstätte unterstützt. Mein Dank gilt auch dem Arbeitskreis selbständiger Kultur-Institute e.V. – vor allem Herrn und Frau Dr. Scheurmann – für die organisatorische Betreuung, und dem Künstler Dani Karavan für die Gestaltung.

Die Gedenkstätte, die wir heute einweihen, ist auch ein Kunstwerk, das Hoffnung ausstrahlt. Auch im Schicksal Walter Benjamins und in dem Schicksal vieler anderer Flüchtlinge gibt es ein Ele-ment der Hoffnung. Heute wird dieses Element der Hoffnung durch Lisa Fittko verkörpert. Sie war die Fluchthelferin Walter Benjamins und sie hat, wie viele andere mutige Menschen auch, gezeigt, was möglich war.

Marc Bloch hat kurz vor seinem Tod geschrieben: „Lange haben wir einträchtig für eine umfassendere und menschlichere Geschichte gekämpft. Die Zeit wird kommen, dessen bin ich sicher, da wir unsere Zusammenarbeit wieder aufnehmen können, in aller Öffentlichkeit und in aller Freiheit." Marc Bloch hat die Erfüllung seiner Hoffnung nicht mehr selbst erlebt. Daß wir sie erleben, ver-danken wir all denen, die sich wie Lisa Fittko und viele andere Widerstandskämpfer für die Freiheit und die Gerechtigkeit eingesetzt haben.

Rede von Hans Eichel,
Ministerpräsident des Landes Hessen,
zur Eröffnung des Gedenkortes am
15. Mai 1994

Dani Karavan has now created a work of art that does not only remind us of the past and pay tribute to the victims but also points towards the future.

We owe the coming into being of this work of art to many committed people. I would like to thank President Pujol for Catalonia's generous contribution towards financing the memorial site, and also the Association of Autonomous Cultural Institutes – above all Herr and Frau Dr. Scheurmann – for overseeing the organization, and artist Dani Karavan for the implementation.

The memorial site we are inaugurating today is also a work of art radiating hope. Even in the fate suffered by Walter Benjamin and many other refugees there is an element of hope. Today that element of hope is embodied in Lisa Fittko. She helped Walter Benjamin flee France, showing, like many other courageous people, what was possible.

Shortly before his death Marc Bloch wrote: "We have long struggled peaceably for a more comprehensive and a more human history. The time will come – I am sure of that – when we can once again resume our co-operation quite openly and in complete freedom". Marc Bloch did not himself experience fulfilment of his hopes. We owe the fact that we do to all those people who, like Lisa Fittko and many others in the resistance movement, fought on behalf of freedom and justice.

Speech held by Hans Eichel,
Minister-President of Hesse,
on the 15th of May 1994 at the
opening of the memorial

Mir erging es wie wohl vielen von Ihnen: Ich konnte diese Gedenkstätte nicht ohne innere Erschütterung betreten. Der Künstler hat sie mit großer Einfühlung in die Landschaft gemeißelt – denen zur Ehre und zum Gedenken, denen die französisch-spanische Grenze auf der Flucht vor ihren Verfolgern zur ersehnten Rettung oder zum bitteren Schicksal wurde; uns Heutigen, den später Geborenen und den Generationen nach uns zur Mahnung: nie mehr zurückzufallen in Gewalt und Barbarei, die Würde eines jeden zu achten, sich nicht zu erheben über andere Völker und Nationen, Minderheiten zu schützen, Vorurteilen keinen Raum zu geben, nicht zu verletzen, sondern zu verstehen.

Die Landschaft um Portbou ist ein faszinierendes Naturszenario zwischen Bergen und Meer, bewohnt von einer ungemein sympathischen Bevölkerung. Eine Grenzlandschaft, damals wie heute, in der sich zwei europäische Völker mit ihrer Geschichte, ihren Traditionen und Lebensstilen berühren und ineinander verklammern; sie ist heute offen nach allen Richtungen. Sie ist keine Hürde mehr, sondern freier Übergang in einem hoffentlich bald in allen seinen Teilen zusammenwachsenden Europa. [...]

Der Tod auf der Flucht schloß ein Leben auf der Flucht. In diesem Leben, ja in Walter Benjamins Persönlichkeit, spiegelt sich die ganze Unbeständigkeit eines halben Jahrhunderts mit seinen Aufbrüchen und Katastrophen, mit seinen Hoffnungen und seinem Scheitern. Im Leben Benjamins berührt sich alles, was sich in der ersten Hälfte unseres Jahrhunderts an Bewegung und Abgründen auftat: das bürgerliche Berlin im späten Kaiserreich, der Aufbruch der Jugendbewegung mit ihrer Suche nach neuen, erstarrte Konventionen aufbrechenden Lebensformen; die Erschütterungen des ersten Weltkrieges, die Benjamin vom

Erwin Teufel

Ich konnte diese Gedenkstätte nicht ohne innere
I could not enter this place

My experience was probably shared by many of you. I could not enter this place of commemoration without feeling inner disturbance. The artist has chiselled it into the landscape with great sensitivity – in honour and remembrance of those fleeing their persecutors, for whom this border became either longed-for deliverance or a bitter fate; and as a reminder for us today, born after that time, and for succeeding generations: never again to revert to violence and barbarism, instead respecting individual dignity, not elevating oneself about other peoples and nations, protecting minorities, resisting prejudices, and understanding rather than causing harm.

The landscape around Portbou is a fascinating natural scenario between mountains and the sea, inhabited by an unusually pleasant population. A border landscape, then and now, where two European peoples with different histories, traditions, and ways of life meet and intermingle. Today it is open in all directions. It is not an obstacle any longer but a free crossing-place within a Europe that – I hope – will soon have grown together in all aspects. [...]

Death while fleeing ended a life spent in flight. In this life, in fact in Walter Benjamin's personality, there is reflected the unsettled nature of half a century with all of its new departures and its catastrophes, with its hopes and its failures. In Benjamin's life every movement and abyss that opened up in the first half of our century seemed to meet: bourgeois Berlin towards the end of the Kaiser's rule and awakening of the German Youth Movement with its search for new life-styles breaking with stagnant conventions; the disruptions of the first world war, which trans-

Kriegsfreiwilligen zum Kriegsgegner machten; die mit großen Hoffnungen befrachtete russische Revolution, die ihn dem Marxismus annäherte, über deren weiteren Gang er sich seit seinem Moskau-Aufenthalt 1926/27 keine Illusionen mehr machte; die Agonie der Weimarer Republik, die ob der bedrückenden wirtschaftlichen und politischen Umstände nicht die Zeit und nicht die Kraft fand, was in ihr gärte zu demokratischer Reife zu bringen; schließlich die Machtergreifung durch die Nazis, die ihn zur Emigration nach Paris zwingen, die ihm die deutsche Staatsbürgerschaft entziehen und vor denen er nochmals fliehen muß – zunächst aus Paris, dann hier über die Grenze. [...]

Ein Denk-, Erfahrungs- und Lebensgesetz Benjamins war die Goethes „Wahlverwandtschaften" entliehene Erkenntnis, daß das Individuellste das Allgemeinste sei. Ich sehe darin den eigentlichen Sinn der Gedächtnisstätte. Wir gedenken Walter Benjamins, eines großen Einzelnen, der bei Portbou zu Tode kam, und gedenken mit ihm zugleich all derer, die in Kerkern, in Konzentrationslagern, auf der Flucht Heimat und Leben verloren haben.

Gerne hat sich deshalb die Landesregierung von Baden-Württemberg der Initiative von Bundespräsident von Weizsäcker angeschlossen und einen wesentlichen Beitrag zur Verwirklichung der Gedenkstätte geleistet. Mögen viele hier innehalten. Zukunft gewährt nur die Erinnerung. Das Gedächtnis läßt bekanntlich nach, wenn man es nicht übt (Cicero), und Geschichte lehrt uns nur etwas, wenn wir uns auch ihren Abgründen stellen.

Auszüge aus der Rede von Erwin Teufel, Ministerpräsident des Landes Baden-Württemberg, zur Eröffnung des Gedenkortes am 15. Mai 1994

Erschütterung betreten
of commemoration without feeling inner disturbance

formed Benjamin from a willing recruit to an opponent of war; the Russian revolution, so charged with great hopes, which brought him close to Marxism, followed by disillusion after his visit to Moscow in 1926/27; the agony of the Weimar Republic which because of depressing economic and political conditions did not have the time or the strength to bring to democratic maturity what was fermenting within itself; and finally the coming to power of the Nazis who forced him to emigrate to Paris, took away his German citizenship, and from whom he again had to flee – first from Paris and then across this frontier. [...]

Goethe's recognition in "Elective Affinities" that what is most individual is what is most general underlay Benjamin's thought, experience, and life. I see that as containing the real meaning of this place of commemoration. We are remembering Walter Benjamin, a great individual, who met his death at Portbou, and we also remember with him all those who lost their homes and their lives in prisons, concentration camps, or while fleeing.

The government of Baden-Württemberg was thus glad to follow Federal President von Weizsäcker's initiative and to make a considerable contribution towards implementation of this place of commemoration. May many people pause for reflection here. Only memory guarantees a future. As everybody knows, memory declines if it is not put to use (Cicero), and history only teaches us something if we also confront its abysses.

Extracts of a speech held by Erwin Teufel, Minister-President of Baden-Württemberg, on the 15th of May 1994 at the opening of the memorial

Es war ein schöner Tag für mich als Bürgermeister, aber auch für mich persönlich, als ich im Herbst 1993 nach den großen Problemen, die es um den Benjamin-Gedenkort gegeben hat, endlich per Fax die Bestätigung erhielt, daß wir mit dem Bau der Gedenkstätte beginnen könnten. Ich wußte, daß daraus etwas sehr Bedeutendes für Portbou entstehen würde, nämlich ein Zeichen, ein künstlerisches Zeichen, das sowohl für die Gegenwart als auch für die Zukunft nicht nur an den bekannten deutschen Philosophen Walter Benjamin erinnert, sondern auch an die Geschichte der Gemeinde Portbou. Wir erfahren täglich, daß die Bevölkerung von Portbou ein wachsendes Interesse an der Person Walter Benjamins zeigt. Und gleichermaßen ist sie nun vom Kunstwerk Dani Karavans und von der ihm zugrunde-liegenden Idee eingenommen.

Während des spanischen Bürgerkriegs war Portbou für viele republikanische Emigranten eine Durchgangsstation auf dem Weg nach Frankreich. Als dann der Zweite Weltkrieg ausbrach, kehrte sich der Prozeß um: Viele europäische Emigranten mußten auf ihrem Weg nach Amerika aus Frankreich nach Spanien fliehen. So erging es auch Walter Benjamin. Die Bevölkerung von Portbou und wir alle wissen, daß der Tod immer etwas sehr Trauriges ist – und besonders in der tragischen Art, wie er Walter Benjamin ereilte. Dieser Tod verbindet ihn mit unserer Gemeinde. Wir sind glücklich darüber, daß diese berühmte Persönlich-keit in unserem Ort begraben ist und daß ihm hier 1940 eine menschenwürdige Bestattung zuteil wurde, wie die 1992 entdeckten Dokumente belegen.

Die Gemeinde und die Stadtverwaltung von Portbou werden nie vergessen, welch großen Beitrag der AsKI und die Bundesländer der Bundesrepublik Deutschland für die Errichtung dieses Gedenkortes geleistet haben. Wir danken ihnen für all dies, und wir danken auch dem Präsidenten von Katalonien für seine Hilfe. Portbou hat durch das Kunstwerk ein internationales Image erhalten. Das Renommee des Künstlers und die Arbeit des AsKI haben dazu geführt, daß

Francisco Martínez-Díaz

**Portbou hat durch das Kunstwerk
With this work of art Portbou**

It was a splendid day for me as mayor, and also personally, when, after all the great problems generated by the Benjamin memorial, in autumn 1993 I finally received confirmation by fax that we could make a start on the commemorative site. I knew that would lead to something very important for Portbou: a sign, an artistic sign, recalling – for both the present day and the future – the well-known German philosopher Walter Benjamin and also the history of the community of Portbou. Day by day the people of Portbou show increasing interest in the personality of Walter Benjamin. Now they are equally fascinated by Dani Karavan's work of art and the underlying idea.

During the Spanish Civil War Portbou was a place of transit for many Republican emigrants on their way to France. When the second world war broke out, the process was reversed. Many European emigrants had to flee from France to Spain on their way to America. That was also Walter Benjamin's fate. The people of Portbou, and all of us, know of course about the grievousness of death – and especially in the tragic form suffered by Walter Benjamin. That death links him with our community. We are happy that this celebrated man is buried here, and that he received an honourable burial in 1940 – as is shown by the documents discovered in 1992.

The community and town administration of Portbou will never forget the great contribution made by AsKI and German Federal Laender towards establishment of this place of commemoration. We thank them for all that, and we also thank the President of Catalonia for his assistance. With this work of art Portbou has attained an international image. The artist's fame and AsKI's work have led to the whole world talking about Portbou – such countries as Japan, the Netherlands,

nun die ganze Welt von Portbou spricht – Länder wie Japan, die Niederlande, Frankreich, die USA und natürlich Deutschland und Israel. Für einen so kleinen Ort, wie wir es sind, ist das etwas Außergewöhnliches, und wir sind sehr dankbar dafür.

Wir werden unsererseits versuchen, mit Hilfe des AsKI und anderer deutscher Institutionen, mit Hilfe der katalanischen Generalität und dem Kulturministerium sowie anderer Kulturfördereinrichtungen eine Walter-Benjamin-Stiftung ins Leben zu rufen. Daran könnten sich Künstler und Philosophen wie z. B. Dani Karavan und Professor Valverde, aber auch viele andere beteiligen. Sobald die Stiftung gegründet ist und ihre Arbeit aufgenommen hat und wir mit ihr in die „Casa Cultural" in Portbou einziehen können, die jetzt fertiggestellt ist, wollen wir dort jährlich eine Walter-Benjamin-Kulturwoche ausrichten. Zielgruppen sind Studenten, Akademiker, Künstler und Kulturinteressierte aus aller Welt.

Die Woche soll von Montag bis Freitag gehen, und in dieser Zeit können eine Reihe von Veranstaltungen stattfinden. Zu denken wäre zum Beispiel an eine historische Ausstellung über Leben und Werk von Walter Benjamin auf der Basis der Ausstellung vom AsKI und in Zusammenarbeit mit Deutschland und Katalonien. An einem anderen Tag könnten Filme über Walter Benjamin, wie z. B. der von Cussó-Ferrer, über das Exil oder über Künstler, die sich mit ihren Arbeiten für den Frieden einsetzen, gezeigt werden. Oder man könnte Literaten, Fotografen, Sänger einladen, ihre Gedanken zum Thema Exil in ihrer künstlerischen Sprache auszudrücken. An einem anderen Tag könnte eine Exkursion in die Pyrenäen den Weg Walter Benjamins ins Exil nachzeichnen. Der letzte Tag schließlich würde sich der Kultur des Ampurdán widmen, mit einem Besuch bedeutender Kulturstätten zwischen Portbou und Barcelona; man könnte aber auch an Orte im angrenzenden Frankreich denken, will doch die Stiftung Gespräche über Grenzen hinweg fördern.

Francisco Martínez Díaz,
Bürgermeister von Portbou

·in internationales Image erhalten
₁as attained an international image

France, the USA, and of course Germany and Israel. For such a small place as this that is extraordinary, and we are very grateful.

For our part we shall endeavour – with assistance from AsKI and other German institutions, from Catalonia and its ministry of education, and from other cultural organizations – to set up a Walter Benjamin foundation. Artists and philosophers, such as Dani Karavan and Professor Valverde, and many others could be involved in this. As soon as the foundation has been set up and has started its work in the *Casa Cultural* now established in Portbou, we want to institute an annual Walter Benjamin cultural week. This will be directed towards students, academics, artists, and people interested in culture from all over the world.

The idea is that the week would run from Monday to Friday with a whole series of events taking place in that time. That might include a presentation of the life and works of Walter Benjamin, based on the AsKI exhibition and co-operation between Germany and Catalonia. Another day could be devoted to films about Walter Benjamin (such as Manuel Cussó-Ferrer's "Last Frontier"), about exile, or about artists who work for peace. Or writers, photographers, and singers could be invited to give artistic expression to their ideas on the theme of exile. Another day an excursion into the Pyrenees could follow the way Walter Benjamin took into exile. The last day would be devoted to the culture of the Ampurdan with visits to the important cultural sites between Portbou and Barcelona – and maybe also places in nearby France since the foundation wants to promote discussions across frontiers.

Francisco Martínez Díaz,
Mayor of Portbou

Freundschaften ergeben sich manchmal aus zufälligen Begegnungen. Die Freundschaft, die mich mit Ingrid und Konrad Scheurmann und auch mit Dani Karavan verbindet, begann im Jahr 1989 mit der Planung und Vorbereitung eines Kunstwerks, das den Namen Walter Benjamins unsterblich machen soll, den Namen des Mannes, der in der Nacht vom 26. September 1940 in einem kleinen Hotelzimmer unseres Ortes seinem Leben ein Ende setzte – aus Angst, wieder zurück nach Frankreich gebracht zu werden, nachdem er heimlich die Grenze überquert hatte, um seine Flucht nach Amerika fortzusetzen.

Angesichts dieser Freundschaft möchte ich einige Zeilen darüber schreiben, was es zu der Zeit, als ich Stadtverordneter für Kultur im Stadtrat von Portbou war, bedeutete, Diskussionen über eine Ehrung Walter Benjamins anzuregen. Daß 1990 etwas stattfinden müsse zum 50. Todestag des Philosophen, darüber verständigten wir uns schnell. Welcher Art diese Ehrung aber sein sollte, führte zu einer längeren Diskussion auch mit den zuständigen Stellen in Deutschland. Wir waren damals ganz offen für den Vorschlag, der nun hier als künstlerischer Gedenkort realisiert worden ist.

Über das Leben und den Tod Walter Benjamins ist viel geschrieben worden, und ich möchte hier nicht eine neue Lesart seines philosophischen Werkes sowie dessen Stellenwert in Vergangenheit und Gegenwart versuchen, sondern nur meine Meinung formulieren hinsichtlich der Bedeutung, die die Gedenkstätte „Passagen" für diesen Ort haben wird.

Wir haben gegenüber Walter Benjamin eine Pflicht zu erfüllen. Die Gesellschaft schuldet ihm ebenso Respekt wie den vielen anderen unbekannten Opfern der größten je gekannten Barbarei: den Exilierten, die auf der Suche nach einem Weg in die oftmals unsichere Freiheit und auf der Flucht vor der Gewalt des nationalsozialistischen Deutschlands nach Portbou kamen.

Der Arbeitskreis selbständiger Kultur-Institute (AsKI) in Bonn betraute, angeregt durch den ehemaligen Bundespräsidenten Richard von Weizsäcker den israelischen Künstler Dani Karavan mit dem Entwurf eines Kunstwerks, das dieses Geschehen in Erinnerung rufen und somit das Gedenken an die Opfer lebendig erhalten soll. Walter Benjamin steht symbolisch für das traurige Schicksal, das die Menschheit während der Zeit des Zweiten Weltkriegs erlitt. Die Tragödie des Krieges und des Nationalsozialismus

Josep Arribas i Sanz

Friendship sometimes develops out of chance encounters. The friendship that links me with Ingrid and Konrad Scheurmann, and also with Dani Karavan, got under way in 1989 with the planning and preparations for a work of art intended to immortalize the name of Walter Benjamin, the man who during the night of September 26th 1940 put an end to his life in a small hotel room in our town for fear of being sent back to France after having secretly crossed the frontier in order to continue his flight to America.

Out of friendship I respond to the request for a few lines on the discussions about a tribute to Walter Benjamin at the time when I was cultural representative on the Portbou town council. We quickly reached agreement that something should happen in 1990 to mark the 50th anniversary of the death of the philosopher. However, there was prolonged discussion – also involving people in Germany – about what kind of tribute would be appropriate. We were completely open to the proposal which has now been implemented here as a place of artistic commemoration.

Much has been written about the life and death of Walter Benjamin, and I do not want to put forward any new way of reading his philosophy or of assessing his importance then and now. I merely want to express my opinion with regard to the significance of the "Passages" memorial for this place.

We have a duty to fulfil with regard to Walter Benjamin. Society owes respect both to Benjamin and to the many other unknown victims of the greatest barbarism ever known – exiles who came to Portbou fleeing from the violence of Nazi Germany and seeking a way to an often uncertain freedom.

The Association of Autonomous Cultural Institutes (AsKI) in Bonn, acting on behalf of Richard von Weizsäcker, the former Federal President, commissioned Israeli artist Dani Karavan to create a work of art which would recall that event and thereby uphold commemoration of the victims. Walter Benjamin symbolizes the sad fate suffered by humanity during the second world war. The tragedy of war and

rief in der Bevölkerung einen tiefen Pessimismus hervor. „Ich möchte", so sagte uns Karavan, „daß meine Arbeit Hoffnung erweckt." Noch immer höre ich diesen Satz, den er an einem windigen Morgen im Dezember 1989 vor der anwesenden Presse vor dem Rathaus von Portbou aussprach, und wie er uns erklärte, daß diese Arbeit – nie benutzte er das Wort „Monument", was es nach den Kriterien des Künstlers auch nicht ist – diesen Gedanken der Hoffnung ausdrücken solle, da es an diesem Ort trotz der Felsen und des Abgrundes ja auch die Hoffnung gibt, symbolisiert durch die Vegetation. Die Errichtung eines Kunstwerks wie das am 15. Mai 1994 der Öffentlichkeit vorgestellte Werk „Passagen" ehrt alle, die daran beteiligt waren, weil sie damit ein Zeichen in die Zukunft gesetzt haben.

Auf der Flucht vor den Nazis und auf der Suche nach Freiheit auf amerikanischem Boden, den zu erreichen er hoffte, fand Benjamin durch seinen Tod den Frieden in einem kleinen Dorf, umspült von den Wellen des Mittelmeeres, der Wiege so vieler Zivilisationen im Laufe der Geschichte; einem Dorf begrenzt von den Ausläufern der Pyrenäen, eines Gebirges, das schon zu anderen Zeiten ebenfalls Zeuge eines Exodus war, eines Exodus der Namenlosen, so wie es in die Glasscheibe der Gedenkstätte eingraviert steht: „Schwerer ist es, das Gedächtnis der Namenlosen zu ehren als das der Berühmten. Dem Gedächtnis der Namenlosen ist die historische Konstruktion geweiht." Kann es einen besseren Ort geben, um solch einen Satz auszusprechen? Ich wurde gebeten, auszudrücken, was das Werk „Passagen" für den Ort Portbou

bedeutet. Abgesehen von dem Bekanntheitsgrad, den die Gemeinde dadurch – wie man mehr und mehr spürt – erreicht, gibt es keinen Zweifel daran, daß es einen großen Einfluß auf den Tourismus über die spanischen Grenzen hinaus haben wird. Ich persönlich schätze jedoch den geistigen und friedensstiftenden Inhalt mehr. Mögen Barbarei, Krieg, Verfolgung und Rache endlich für immer aus den Berichten verbannt bleiben, die wir regelmäßig zu lesen gewohnt sind. Hoffen wir angesichts dieser Kunst. Steht doch der Gedenkort „Passagen" für die Ehrung eines Menschen, der für die menschlichen Werte und für die Freiheit kämpfte. Er steht für den Frieden und die Hoffnung, wie Dani Karavan sagte.

Josep Arribas i Sanz,
Stadtverordneter von Portbou

Walter Benjamin eine Pflicht zu erfüllen
o fulfil with regard to Walter Benjamin

National Socialism provoked profound pessimism. "I want my work to awaken hope" – Karavan told us. I still hear that sentence, uttered on a windy morning before journalists in front of Portbou's town hall. We learned that this work – he never used the word "monument", which does not accord with his artistic criteria – was intended to express the idea of hope, present on this site through the vegetation, despite the rock and the precipice. The establishment of a work of art like "Passages", presented to the public on May 15th 1994, honours all those involved because they pointed the way towards the future.

Fleeing from the Nazis and hoping to find freedom in America, Benjamin found peace through his

death in a little village washed by the waves of the Mediterranean, the cradle of so many civilizations throughout history – a village bounded by the lower slopes of the Pyrenees, a mountain range that in earlier times also witnessed an exodus, an exodus of the nameless as engraved in the memorial's glass screen: "It is more arduous to honour the memory of the nameless than that of the renowned. Historical construction is devoted to the memory of the nameless". Can there be a better place for uttering such a sentence?

I was asked to say what this work "Passages" signifies for Portbou. Apart from the town becoming better known, which is increasingly apparent, there is no doubt that

the memorial will attract tourism across the Spanish border. However, I personally think that the intellectual issues involved and their contribution towards peace are more important. May barbarism, war, persecution, and revenge be at long last banned for ever from the news we are accustomed to read. Let us hope so, encouraged by this work of art. The "Passages" memorial site honours a man who fought for human values and freedom. As Dani Karavan has said: it stands for peace and hope.

Josep Arribas i Sanz,
Member of the Portbou town council

Walter Benjamin *Gesammelte Schriften I, p. 696*

Es ist niemals ein Dokument der Kultur, ohne zugleich ein solches der Barbarei zu sein.

There is no document of civilization which is not at the same time a document of barbarism.

Anfangs tat es mir leid, daß ich nicht zur Eröffnung von Dani Karavans Gedenkort für Walter Benjamin nach Portbou kommen konnte. Erst fünf Tage später fand ich auf meinem Rückweg von Barcelona nach Paris die Zeit, diesen Ort zu besuchen. Dani Karavan und ich hatten häufig über dieses Projekt gesprochen, und er hatte mir sehr ausführlich beschrieben, was er dort realisieren wollte. Aber für mich war doch alles ein bißchen abstrakt geblieben. Um so beeindruckter war ich dann in Portbou, erkannte ich doch dort, wie präzise und inhaltsreich die Überlegungen waren, die Dani Karavan über den Ort und über die Persönlichkeit dieses großen humanistischen Philosophen angestellt hat, auf denen sein Kunstwerk aufbaut.

An jenem Tag meines Besuchs in Portbou hatte ich das Glück, diesen Platz der Erinnerung nur mit wenigen Besuchern teilen zu müssen, und konnte mich so ganz auf die Arbeit von Dani Karavan konzentrieren. Ich vermochte mich – mehr ahnend als real – in die Situation von 1940 an dieser Grenze hineinzuversetzen, als Walter Benjamin und viele andere die Berge, die Portbou nach Frankreich hin abgrenzen, unter großen Gefahren überquerten.

Die scharfe Linie des Bergrückens, der die Grenze zwischen Frankreich und Spanien markiert, hat heute ihre politische Schärfe verloren. Während des Spanischen Bürgerkriegs noch ein Symbol der Hoffnung, verlor sie diese Qualität als Freiheitssymbol zum ersten Mal schon mit der Installierung des Franco-Regimes 1939 und dann, 1940, ein zweites Mal unter der deutschen Besatzung Frankreichs. Walter Benjamin scheiterte genau an dieser Linie, die nicht länger Freiheit verkörperte, sondern Aussichtslosigkeit. Diese Erkenntnis war für ihn der Moment der letzten Wahrheit.

Ich realisierte plötzlich, daß ich im Moment ja auch als ein Fremder auf dieser Seite der Grenze stand, spürte einen Moment lang einen Hauch jenes Schreckens und fühlte mich – vielleicht nur eine Sekunde lang – jenen Flüchtenden nah.

Von diesen Gedanken erfüllt, nahm ich meinen Weg durch den Friedhof und passierte vom hinteren Eingang abwärts schreitend die einzelnen Elemente der

Pierre Restany

In gewisser Weise erscheint hier die Welt zu Ende
To some extent the world seems to come to an end here

Initially I was sorry that I could not come to Portbou for the opening of Dani Karavan's memorial to Walter Benjamin. I only had time to visit the place five days later on my way back from Barcelona to Paris. Dani Karavan and I had often talked about the project, and he had told me in great detail what he planned – but it was all a little abstract for me. So I was all the more impressed in Portbou when I realized how precise and rich his reflections had been with regard to the site and the personality of this great humanist philosopher.

I was fortunate on the day I visited Portbou and only had to share this place of memory with a few other people, so I could concentrate on Dani Karavan's work. I could feel my way into the situation on this frontier in 1940 when Walter Benjamin and many others underwent great danger to cross the mountains dividing Portbou from France.

The ridge forming the border between France and Spain is no longer politically crucial. During the Spanish Civil War it was still a symbol of hope, but it lost such associations with freedom for the first time when the Franco regime was installed in 1939, and for a second time in 1940 when Germany occupied France. Walter Benjamin came to grief at this very place which now incarnated desperation rather than hope of freedom. For him that realization was the moment of final truth.

I suddenly realized that at that moment I too was a foreigner on this side of the border, and for a moment sensed a trace of terror, feeling – perhaps for just a second – close to those who then fled.

Occupied with such thoughts, I made my way through the cemetery, moving down from the rear entrance through the individual elements in Karavan's work. I was impressed by the congruence between the site, Benjamin's biography, and the artistic form Karavan has so impressively achieved. In my opinion, he has created a highly symbolic work

Karavanschen Arbeit. Ich war beeindruckt von der Kongruenz zwischen dem Ort, der Biographie Benjamins und der künstlerischen Form, die herzustellen dem Künstler eindrucksvoll gelungen ist. Er hat nach meinem Verständnis auf diesem Friedhofshügel ein Werk von hoher sinnbildhafter Qualität geschaffen, gleichsam, um es in einer christlichen Metapher zu fassen, eine Art Kalvarienberg in den Blick gehoben.

Vorbei an einem würfelförmigen Fundament, geschaffen wie für eine virtuelle Statue von Walter Benjamin, vorbei an einem Zementstein, einer Reminiszenz an die Grundsteinlegung des Monuments, vorbei auch an einem Treppenfragment, angesichts des Todes eine Art geistige Visualisierung jedweden transzendentalen Denkens, gelangte ich wieder zum Vorplatz des Friedhofs. Dort, neben dem Haupteingang, öffnet sich ein prismatischer, in den Felsen schneidender Tunnel mit starkem Gefälle in Richtung Meer. Wenn man unten steht, findet man Worte Benjamins auf einer Glasscheibe, sieht den Bergrücken mit der Grenze, fühlt aber vor allem seinen Blick auf jenen Strudel gelenkt, der mir sehr charakteristisch für diesen Ort zu sein scheint.

Die Bewegung des Meeres dort, äußerst spektakulär und symbolisch, ist das perfekte Abbild des Nichts, eine Reduktion allen Seins hin zu einer Art Nullpunkt, einem existentiellen Stillstand. Mit diesem endlos bedeutungslosen Prozeß liefert uns hier die Natur ein Bild einer bedeutungslosen Form von Wirklichkeit. In gewisser Weise erscheint hier die Welt zu Ende. An diesem Ort, gebannt von der Bewegung des Wassers, verharrte ich mehr als eine halbe Stunde, fasziniert von diesem Bild der Absurdität und der Bedeutungslosigkeit des Seins dieser Welt. Die Realität begegnet uns häufig in dieser Art: Die Natur zeigt uns nicht nur die gut organisierte und wohlgeordnete Vorstellung des Kosmos, sondern auch jede Abweichung und jede bedeutungslose Erscheinung. Wenn die Natur den Beginn und die Hoffnung auf Leben verkörpern kann, kann sie auch für Tod, Verzweiflung und Benommenheit stehen. Dieses Gefühl von Benommenheit und Verzweiflung, vereint mit einer Philosophie der Natur, habe ich

on the cemetery hill, drawing attention to a kind of calvary – to use a Christian metaphor.

Walking past a cubic base created as if for a virtual statue of Walter Benjamin, past a cement block recalling the foundation ceremony, and past the remains of steps as a kind of mental visualization of any kind of transcendental thought in the face of death, I once again returned to the cemetery forecourt. Here, alongside the main entrance, there opens up a prismatic tunnel cut into the rock, leading steeply downwards towards the sea. When you reach the bottom, you find words by Walter Benjamin engraved in a glass screen, see the mountain ridge with the frontier, but your gaze is mainly drawn towards the turbulence of the water that seems so characteristic of this place.

The movement of the sea, very spectacular and symbolic, is a perfect image of nothingness, a reduction of all being to zero, an existential standstill. In this endlessly meaningless process nature here offers us an image of a meaningless kind of reality. To some extent the world seems to come to an end here. In this place, spellbound by the movement of the water, I stayed for over half an hour, fascinated by this image of absurdity and insignificance of worldly being. The world frequently encounters us in this way. Nature does not just present us with a well-organized and coordinated idea of the cosmos; it also shows every deviation and every insignificant manifestation. If nature can embody the beginning of life and hope of existence, it can also stand for death, despair, and bemusement. I felt such bemusement and despair, united with a philosophy of nature, in Karavan's tunnel of corten steel.

When I was standing on the cemetery forecourt once again, I sensed the true significance of the Portbou project. It is a philosophical monument, a journey which makes one reflect on the relativity of personal existence. If you respond to

in Karavans Cortenstahltunnel verspürt.

Als ich wieder oben auf dem Friedhofsvorplatz stand, fühlte ich die wahre Bedeutung des Portbou-Projektes: Es ist ein philosophisches Monument, eine Reise, die einen über die Relativität der eigenen Existenz nachdenken läßt. Und die einem, so man sich auf sie einläßt, gewissermaßen das kathartische Gefühl vermittelt, über die eigene Person hinauszugehen. Dieser Gang läßt einen besser fühlen und klarer sehen.

Ich bin sehr glücklich, diese Arbeit Dani Karavans erlebt zu haben. Dieses

Gefühl hängt mit der zurückhaltenden Gestaltung zusammen, mit der der Künstler sein Konzept auf sehr überzeugende und menschliche Art, ohne jede Polemik, realisiert hat. Er verfügt über ein großes Gespür für das Leben, eben für das menschliche Maß, und er beweist einen geistigen und einen gestaltenden Humanismus.

Über die philosophischen Implikationen hinaus hat dieses Werk der Erinnerung auch eine andere, nämlich eine politische Qualität, wenn man den Begriff 'politisch' im klassischen Sinne des alt-

griechischen Wortes politeia versteht, jenem humanistischen Gefühl von Gemeinschaft. Karavans Arbeit berührt die gesellschaftliche Ebene, die mit den existentiellen Dimensionen des Menschen verbunden ist. Jeder, der sich auf die mentale Reise durch diesen Ort einläßt, wird das erleben können, wird sich als ein freier Mensch erfahren und vermag so aus einer Art tiefem Kontrast heraus Benjamins Opfer nachzuempfinden. In diesem Sinn spürt man für Walter Benjamin eine große Dankbarkeit, bewahrte er sich doch die äußerste Kraft

this, to some extent it mediates the cathartic feeling that you can go beyond your own self. This journey makes you feel better and see more clearly.

I am very glad to have experienced this work by Dani Karavan. That feeling is linked with the very convincing, human, undemagogic way the artist has implemented his project. He possesses a great feel for existence and for the human scale, and also demonstrates a

humanism that is both intellectual and creative.

Beyond its philosophical implications the work also has a political quality in the classical sense of the old Greek word *politeia* embracing a humanist feeling of community. Karavan's work touches that social level which is linked with man's existential dimensions. Anyone intellectually open will be able to experience that, will experience himself or herself as a free human

being, thereby empathizing with the great contrast entailed in Benjamin's sacrifice. One thus feels great gratitude to Walter Benjamin for preserving the utmost power of free will and embodying the free thinking part of humanity under threat during the sad years of the thirties and forties. For that reason too I call Karavan's project a philosophical monument. All the elements in this work of art serve to give expression to and evoke fundamental

des freien Willens, verkörperte er doch jenen frei denkenden Teil der Menschheit, der in dieser traurigen Epoche der 30er und 40er Jahre verlorenzugehen drohte. Auch aus diesem Grund bezeichne ich Karavans Projekt als ein philosophisches Monument: Alle Elemente dieses Kunstwerks dienen dazu, fundamentale und essentielle Gefühle und Gedanken zum Ausdruck zu bringen und zu evozieren.

Es ist selten, daß eine solche Fülle von Ideen und Gefühlen allein durch wenige geometrische Formen visualisiert und verkörpert werden kann. Dani Karavan hat dies erreicht mit dieser wunderschönen Hommage an Walter Benjamin; und er hat damit vielleicht das wirkliche Meisterstück seiner gesamten Künstlerkarriere geschaffen. Das wurde mir in Portbou klar. Dieses Monument ist nämlich mehr als jede andere Arbeit Karavans ein Werk des Herzens. Ich meine, nichts konnte Walter Benjamin mehr entsprechen als dieses ihn ehrende Werk. Entstanden ist nicht zuletzt ein Zeichen für den Kulturhistoriker Walter Benjamin, der auf jede erdenkliche Weise die menschlichen Spuren in jeder Erfindung, jeder Theorie und jeder Äußerung zu finden suchte. Was er aufzufinden hoffte, war die Wahrheit, die sich für ihn in eben jenen menschlichen Spuren manifestierte. Karavan hat ihn mit einer kongenialen Hommage geehrt, einem Sinnbild der Würde seiner Existenz.

and essential feelings and ideas.

It is rare for such an abundance of ideas and feelings to be visualized and embodied merely by way of a few geometrical forms. Dani Karavan has achieved that in this beautiful homage to Walter Benjamin. This is perhaps the real masterpiece in a long artistic career. It became clear to me in Portbou that this monument came from the heart – more so than any other work by Karavan. In my opinion, nothing could be closer to Walter Benjamin than this work in his honour. This is ultimately a testament to Walter Benjamin as historian of civilization, who sought in every conceivable way to find human traces in every invention, every theory, and every statement. What he hoped to discover was the truth which for him was manifested in every human trace. Karavan has paid just and true homage to Benjamin, symbolizing his dignity of being.

Wir erleben seit ein paar Monaten Stürme von empörter oder entsetzter Abwehr gegen das gigantische in Berlin geplante Holocaust-Plateau. Wir erleben alle Versuche, das Grauen ins Generelle zu heben, als einen Fall von Sozialpathologie. Den Versammlungsplätzen für Verdrängungen und Protokoll verweigert sich die Erinnerung. Metaphern greifen schon gar nicht, am wenigsten die Bilder von Naturkatastrophen, hinter denen sich die konkrete historische Verantwortung versteckt.

Um so erstaunlicher ist Dani Karavans Gedenkstätte für Walter Benjamin in Portbou, der entscheidenden Etappe vieler Flüchtlinge vor der Vichy-Kollaboration und Benjamins Sterbeort. Ein blaues Meer unter weiten Hügeln, über denen der französische mit dem spanischen Horizont zusammenstößt. Karavan geht das Risiko ein, dieses Panorama zur Szene zu straffen. Ein schräger, begehbarer Schacht legt sich durch den Friedhofshang, nimmt den Himmel weg, öffnet sich auf einen tosenden Wasser-

wirbel, lenkt den Blick zur fernen französischen Küste und zu den Bergen, die Benjamin zu überqueren hatte.

Ist das die prekäre landschaftliche Dramatisierung einer Tragödie in einem Naturschauspiel? Die architektonisch gefaßte, idyllisch-heroische Erinnerung an ein Emigrantenschicksal, das für eine Wegstrecke deutscher Geschichte steht? Oder wurzelt die Verbindung tiefer im Werk Benjamins? Sind Grenzgang, Schwelle, Passage, Horizont, das zwangsläufige Scheitern der Utopie Benjamins

Manfred Schneckenburger

Dieses Mahnmal ist diskursfähig –
This memorial stands

For some months now there have been storms of indignation or disappointment about the gigantic Holocaust Plateau planned in Berlin. We experience all attempts at generalizing horror as a case of social pathology. Memory avoids assembly-points for repression and keeping diplomatic protocol. Metaphors are useless, particularly images of natural catastrophes concealing tangible historic responsibility.

All the more astonishing Dani Karavan's commemorative site for Walter Benjamin at Portbou – that decisive stage for many refugees from the Vichy regime and the place where Benjamin died. A blue sea below white hills above which the French and Spanish horizons collide. Karavan runs the risk of crystallizing this panorama as a theatrical setting. A steep, walkable shaft descends the cemetery incline, takes away the sky, opens up to

the raging sea, and directs attention to the distant French coast and the mountains Benjamin had to cross.

Is this the precarious scenic dramatization of a tragedy in the theatre of nature? Is this the architecturally composed, idyllically heroic memory of an exile's fate, standing for a period in German history? Or is the connection more deeply rooted in Benjamin's works? Are not frontier-crossing, threshold, passage, horizon, and the

Denken nicht eng vertraut? Karavan überwindet die Problematik der Naturmetapher, indem er sie mit den Denkfiguren Benjamins verschmilzt.

Nicht, daß er das Leitmotiv der „Passage" aus dem berühmten Nachlaßfragment platt verkürzt! Vor flachen Bezügen schützt allein schon die konträre Sicht. Benjamin sieht die Pariser Passagen des 19. Jahrhunderts als ein Zentrum blitzartig hereinbrechender, überbordender Sinnenreize und einer filmisch zerstückelten Wahrnehmung – sein Erlebnis von Modernität. Karavan unterwirft seine Passage einem festen Griff, faßt zusammen, schließt alles Flirrende, Zerstreute (ein Zentralbegriff Benjamins) aus. Diese stählerne Passage zerstreut nicht, sondern konzentriert. Zwänge, Klaustrophobien, Hoffnungen, in denen die Erfahrungen von Exil und Flucht zur schieren Raumerfahrung gerinnen, fließen ein. Etwas vom unerbittlichen Ende, das sich durch den Tod Benjamins mit dem Ort verknüpft.

Karavan nimmt Schwingungen auf, doch er wandelt sie ab. Das Mahnmal ist diskursfähig – für einen Diskurs mit Benjamin, für den laufenden Diskurs der Erinnerung. Ein Modell? Eher ein seltener, sehr seltener Fall von Koinzidenz.

für einen Diskurs mit Benjamin, für den laufenden Diskurs der Erinnerung
for discourse with Benjamin and the ongoing discourse of memory

inevitable failure of utopia closely related to Benjamin's thought? Karavan overcomes the problems involved in natural metaphors by fusing them with Benjamin's categories of thought.

Not that he feebly foreshortens the leitmotif of the "Passage" from the famous fragments left unfinished by Benjamin. The contrary view by itself defends against shallow connections. Benjamin sees 19th century Parisian arcades (the "Passages") as a centre of sudden and exuberant sensuous attractions and cinematically dismembered perception – his experience of modernity. Karavan gets a firm grip on his "Passage", summarizes, and excludes everything shimmering and dispersed (a central concept for Benjamin). This steel passage concentrates rather than disperses. Into it flow constraints, catastrophes, and hopes in which the experiences of flight and exile become a pure experience of space. Into it flows something of the inexorable end linked with the place through Benjamin's death.

Karavan takes up vibrations but transforms them. This memorial stands for discourse – discourse with Benjamin and the ongoing discourse of memory. A model? Rather a rare, a very rare, case of coincidence.

Karavans Hommage an Walter Benjamin in Portbou besteht aus drei verschiedenen Elementen, die um den Friedhof der Gemeinde gruppiert sind. Das größte von ihnen befindet sich in der Nähe des Friedhofseingangs: ein aus dem felsigen Abhang herausgeschlagener unterirdischer Treppenschacht aus dicken Stahlplatten. Dort hinunter zu gehen, vermittelt dem Besucher das Gefühl, in den Schacht eines Bergwerks zu steigen. Diese Passage ist eine ausdrucksstarke Arbeit, sie demonstriert die enormen strukturellen Qualitäten, die für Karavans Skulpturen charakteristisch sind. Sie führt geradewegs auf das Meer zu und ragt über die Felsen hinaus. Deshalb wird man beim Hinuntergehen von der Angst befallen, man könne vom Meer verschlungen werden. Aber ungefähr in der Mitte des Korridors macht eine Glasplatte dasWeitergehen unmöglich. Wenn ich mich recht erinnere, ist dort ein Benjamin-Zitat in das Glas graviert. Dieser Teil des Werks vermittelt ein Gefühl vom Ende der Welt. Das Kunstwerk verweist hier symbolisch auf die endliche Bestimmung menschlichen Lebens, die niemand vorhersagen kann.

In meiner Vorstellung steht diese Arbeit in Portbou in Verbindung mit Karavans gewaltigem Negev-Monument (1963–1968), einem Werk, mitten in der Negev-Wüste, das als „Skulpturendorf"

beschrieben worden ist. Karavan wuchs auf mit dem alltäglichen, nie endenden Kampf zwischen unerbittlichen Naturgewalten und dem menschlichen Willen; dieser Kampf ist der Ursprung des Negev-Monumentes und auch die Quelle aller späteren Arbeiten Karavans. Beiden Skulpturen, im Negev wie in Portbou, ist das Gespür für das Wirken einer schicksalhaften Macht gemeinsam.

Der Künstler ist ständig bestrebt, durch seine Arbeit neue Sinngehalte aufzudecken. Dieser Ansatz konkretisiert sich in der kleinen Stahltreppe, die in die Böschung eines alten Wegs neben dem Friedhof installiert wurde. Es scheint, als solle die eine Treppe unter die Erde

Tadayasu Sakai

Möglicherweise hat da:
It is probable

Karavan's homage to Walter Benjamin at Portbou is composed of three separate parts around the edges of the cemetery. The largest section is near the entrance. It is an underground stairway cut out of the rocky slope and made of thick steel plates. Walking down it feels like going down a mine shaft. It is a strong work, and it displays the powerful structural qualities which are characteristic of Karavan's sculpture. It projects straight out toward the sea, so a person descending it feels anxiety at the possibility of being swallowed up by the sea. Halfway down, however, there is a transparent glass partition which makes it impossible to go further. As I recall, some of Benjamin's words are engraved on the glass. This piece conveys a sense of land's end. The homage refers symbolically to the ultimate destination of human life which no one can predict.

In my imagination, it is related to Karavan's huge "Negev Memorial" (1963–1968), a piece set in the middle of the Negev desert in Israel which has been described as a "sculpture village". Karavan was raised with the everyday reality of an unending battle between the

relentless forces of nature and human will; the "Negev Memorial" originates from there, and it is a source for his subsequent work. The two sculptures, the one in the Negev desert and the one in Portbou, share the sense of the operations of an unknowable force.

The artist continually strives to discover new meanings through his work. This attempt takes concrete form in the small steel stairway installed on the embankment of an old road next to the cemetery. It seems that one stairway had been designed to go under the ground and the other above it. Both stair-

führen, die andere darüber. Beide Treppen brechen ab und verweisen damit auf den Verlust der Hoffnung des Flüchtlings. Ich glaube, daß sich dieses Motiv symbolisch auf Benjamins glückloses Leben bezieht. Karavan scheint Benjamin vor allem als Opfer gesehen zu haben, ohne sich auf die heutige Bedeutung seines Wirkens als Kritiker zu beziehen. Dies wirft Fragen danach auf, wie Karavan zu interpretieren ist – und läßt uns in einem Dilemma. Möglicherweise hat das Benjamin-Projekt für Karavans Arbeit neue Horizonte geöffnet.

Dani Karavan hat sein Environment in Anlehnung an das posthum veröffentlichte *Passagenwerk* von Benjamin geschaffen. Er hat die gesamte Umgebung des Projekts in räumliche Elemente gegliedert, die die natürlichen Gegebenheiten von Portbou repräsentieren. Diese Gliederung mag man beschreiben als eine Poetik des Topos. Indem er sie mit dem tragischen Leben Benjamins verbunden hat, versucht er eine mutige Transformation – und bringt eine Landschaft der Erinnerungen als zeitlichen Ablauf hervor.

Sein Dialog mit der Natur hat einiges gemeinsam mit dem japanischen Verständnis der Natur - nicht mit der künstlerischen Konvention dekorativer Landschaftsgestaltung, sondern eher mit dem, was man beschreiben könnte als die Vertrautheit, die aus der Spannung zwischen Mensch und Natur entsteht. Als ich vom Strand aufblickte zu der Stelle, an der das Kunstwerk über die Felsen hinausragt, spürte ich einen fest verankerten Gestaltungswillen in Karavans weitreichendem Projekt.

Benjamin-Projekt für Karavans Arbeit neue Horizonte geöffnet
hat this project opened up new horizons for Karavan's work

170 **171**

ways are blocked, suggesting the loss of hope of the fleeing refugee. I believe that this element refers symbolically to Benjamin's unfortunate life. Karavan seems to have regarded Benjamin mainly as a "sacrificial victim" without reference to the contemporary meaning of his activities as a critic. This raises questions about how Karavan is to be regarded and leaves us in a dilemma. It is probable that this project opened up new horizons for Karavan's work.

Dani Karavan built an environment around a posthumously published text by Benjamin on "Passages". He analyzed the entire environment of the project into spatial elements which symbolize the natural features of Portbou in what might be described as a poetics of topos. By connecting this to the tragic life of Benjamin, he attempted a bold "transformation", creating a landscape of memory in temporal succession.

His dialogue with nature has something in common with the Japanese view of nature, not the artistic conventions of decorative landscape but what might be described as the intimacy which develops out of conflict between people and nature. Looking up from the beach to where the artwork juts out from the rock, I sensed a solidly-rooted will to order in Karavan's expansive project.

Vor ein paar Jahren blickten Dani Karavan und ich aus einiger Entfernung auf Kikar Levana, den Weißen Platz, ein Environment, das gerade nach einem früher ausgearbeiteten Plan verwirklicht worden war. Kikar Levana liegt auf einem Hügel vor den Toren von Tel Aviv und schimmert glänzend im beinah endlosen Sonnenschein.

Wasser, Licht und Wind. Beton, Gras und ein Olivenbaum. Treppen, Türme und Pyramiden. Dies sind die Mittel, mit denen Karavan eine Symphonie komponiert hat, zurückhaltend im Rhythmus, aber einmalig im Klang.

Der Park, der Weiße Platz, dahinterliegend die Stadt und weiter jenseits das Meer. Dani sagt zu mir: „Mein Vater kam in den zwanziger Jahren nach Tel Aviv, und er schenkte der Stadt Bäume und Parkanlagen; jetzt habe ich dort einen besonderen Platz geschaffen."

Seine leuchtenden Augen sprechen Bände, und da ich Dani schon so lange gut kenne, bemerke ich, daß dies für ihn ein Augenblick von großer Intensität und Emotion ist.

Will man Karavan verstehen, darf man nicht vergessen, daß er während seiner Kindheit erlebte, wie aus dem Nichts eine Stadt für Menschen geschaffen wurde mit der heiligen Bestimmung zusammenzuleben. In Frieden.

Aufbauend auf dieser Erfahrung und auf seiner persönlichen Geschichte gibt er diesem Platz einen wunderbaren Namen: 'makom' ('ein besonderer Ort'), ein Ort, der seine Bedeutung durch Menschen erhält. Der Mensch ist Karavans eigentliches Werkzeug.

Bei der Betrachtung zeitgenössischer Kunst führt Karavan Kritiker, Theoretiker und Kuratoren oft auf die falsche Fährte. Im 'Kunst-Einordnungssystem' hat man noch keinen Terminus für sein Werk gefunden. Ich glaube, nichts könnte ihm gleichgültiger sein.

Jedes Environment, mit dem er beauftragt wird, fordert ihn zu einer respektvollen Auseinandersetzung mit dem Vorgefundenen auf. Mit seiner perfekten

Frank Tiesing

Dies ist der Ort, an dem sic
That is where

A few years ago Dani Karavan and I were looking from some distance at Kikar Levana, the White Square, an environment that had just been realized using a design made earlier. Kikar Levana is situated on a hill outside Tel Aviv, glinting brilliantly in the almost incessant sunshine.

Water, light and wind. Concrete, grass and an olive-tree. Stairs, towers and pyramids; these are the instruments with which Karavan composed a symphony, modest in rhythm, but unprecedented in sound.

The park, the White Square, the town behind and beyond the sea. Dani says to me: "My father came to Tel Aviv in the twenties and he gave the town trees and parks, now I have created a special spot there."

His shining eyes speak volumes, and as I have known Dani so well for so long, I realize that this is a moment of great intensity and emotion.

If one wants to understand Karavan, one should not forget that in his childhood he witnessed how in the middle of nowhere a town was created for people, with the sacred assignment to coexist. In peace.

Based on this experience and his background, he gives it a wonderful name: 'makom' ('a special place'), a place which becomes meaningful through people. The human being is his essential instrument.

When contemplating contemporary art, Karavan often sets critics, theoreticians and curators on the wrong track. In the 'art-filing-system' no term has yet been found for his work. I think that he could not care less.

Each environment to which he is invited challenges him to react respectfully to what he finds there. With his perfect control of materials and a sense of proportion, he cre-

Beherrschung der Materialien und seinem Sinn für Proportion schafft er eine Wahrnehmung mit einer zuvor nicht existenten Qualität – und das nicht nur als Antwort auf die Natur, sondern gerade auch als Reaktion auf Spuren, die die menschliche Geschichte hinterlassen hat. Karavan versteht es meisterhaft, mit seiner Kunst die Sinne auszuloten und die Gefühle mit anzusprechen.

Letztes Jahr wurde in Portbou, jener Station in den spanischen Pyrenäen, das Denkmal für Walter Benjamin eingeweiht.

Die Stadt, das Zollhaus, der Friedhof und das Meer sind von jedem Standort aus gut zu sehen. Dies ist der Ort, an dem sich die letzten Augenblicke eines beeindruckenden Lebens abspielten. Erst nachdem die Hunderte von Gästen, die der Einweihung beigewohnt hatten, gegangen waren und die Stille wieder eingekehrt war, wurde deutlich, wie gut Dani Karavan verstanden hatte, wer Benjamin war und wie man an ihn erinnern kann. Mit Karavans eigenen Worten: „Der Wasserstrudel selbst hat das Bild geschaffen."

Er ist viel zu bescheiden; es bedurfte seiner Vorstellungskraft, um dem Werk seine Bedeutung zu verleihen. Sein Optimismus und Kampfgeist haben Symbole geschaffen, die einem im Gedächtnis haften bleiben, lange, nachdem man den Platz verlassen hat.

Es muß noch viele Orte geben, an denen Karavan einen konstruktiven Beitrag leisten kann.

die letzten Augenblicke eines beeindruckenden Lebens abspielten
the final moments of an impressive life took place

ates a perception which adds a previously non-existent value. Not only in response to nature, but precisely in reaction to traces left by human history, too. Karavan is a master at deepening one's senses and affecting one´s feelings through his art.

Last year in Portbou, that halting place in the Spanish Pyrenees, the monument to Walter Benjamin was inaugurated.

The town, the customs house, the cemetery and the sea are all within view of each other. That is where the final moments of an impressive life took place. It was only after the hundreds of guests attending the inauguration had left and silence reigned again that it became apparent how well Dani Karavan had understood who Benjamin was and how he can be remembered. In Karavan's own words: "The swirling water itself created the image." He is much too modest; his imaginative power was required to give the work its meaning.

His optimism and fighting spirit have created symbols which stick in one´s memory, long after leaving the site.

There must still be a lot of places left where Karavan can make a positive contribution.

Walter Benjamin *Briefe, Bd. 2, S. 764*

So ist denn, wie Kafka sagt, unendlich viel Hoffnung vorhanden,
nur nicht für uns.

As Kafka says – there is an infinite amount of hope,
but not for us.

Auswahlbibliographie
Selected Bibliography

Dani Karavan, Dialog Düsseldorf – Duisburg. Ausstellungskatalog der Kunstsammlung Nordrhein-Westfalen und des Wilhelm-Lehmbruck-Museums, hrsg. von der Kunstsammlung Nordrhein-Westfalen und dem Wilhelm-Lehmbruck-Museum, Düsseldorf/Duisburg 1989

Dani Karavan, Passages – An Environment in Remembrance of Walter Benjamin. Katalog zur Ausstellung im Stedelijk Museum Amsterdam, hrsg. von Ingrid und Konrad Scheurmann, Bonn 1993

LAUB, PETER und KONRAD SCHEURMANN (HRSG.), Straße der Menschenrechte. Dani Karavan. Way of Human Rights, Bonn 1995

RESTANY, PIERRE, Dani Karavan, München, Prestel 1992 (erschienen in deutscher und englischer Ausgabe)

Time, Space, Meditation – Dani Karavan. Ausstellungskatalog, hrsg. Spatial Design Consultants Co., Ltd.,Tokyo 1994/95

BENJAMIN, WALTER, Gesammelte Schriften, unter Mitwirkung von Theodor W. Adorno und Gershom Scholem, hrsg. von Rolf Tiedemann und Hermann Schweppenhäuser, Frankfurt am Main 1974-1991

FITTKO, LISA, Mein Weg über die Pyrenäen. Erinnerungen 1940/41, München 1989

BRODERSEN, MOMME, Spinne im eigenen Netz. Walter Benjamin. Leben und Werk, Bühl-Moos 1990

GARBER, KLAUS, Zum Bilde Walter Benjamins. Studien, Porträts, Kritiken, München 1992

MAYER, HANS, Der Zeitgenosse Walter Benjamin, Frankfurt am Main 1992

MISSAC, PIERRE, Walter Benjamins Passage, Frankfurt am Main 1991

Passagen. Nach Walter Benjamin. Katalogbuch zur Ausstellung "Nach dem Passagen Werk" von Wolfgang Schmitz mit Fotografien von Robert Doisneau und Beiträgen zur Aktualität der Ästhetik Walter Benjamins, hrsg. von V. Malsy, U. Rasch, P. Rautmann, N. Schalz, (Ausstellung in Paris, Bremen, Berlin, Mainz, Bonn) Mainz 1992

PUTTNIES, HANS und GARY SMITH, Benjaminiana. Eine biografische Recherche, Giessen 1991

SCHEURMANN, INGRID und KONRAD SCHEURMANN (HRSG.), Für Walter Benjamin. Dokumente, Essays und ein Entwurf. Begleitbuch zur Ausstellung „Grenzüberschreitungen. Walter Benjamin · Leben und Werk" (Ausstellung in Portbou, Kassel, Hamburg, Leipzig, Amsterdam, Hagen, Bonn), Frankfurt am Main 1992

dito, Para Walter Benjamin, Bonn 1992 (spanische Edition)

dito, For Walter Benjamin, Bonn 1993 (englische Edition)

dito, Pour Walter Benjamin, Bonn 1995 (französische Edition)

SCHEURMANN, INGRID, Neue Dokumente zum Tode Walter Benjamins, Bonn 1992

WITTE, BERND, Walter Benjamin, Hamburg 1985

Walter Benjamin 1892-1940. Katalog der Ausstellung des Theodor W. Adorno Archivs, Frankfurt am Main, im Schiller-Nationalmuseum Marbach am Neckar und im Literaturhaus in Berlin, bearbeitet v. R. Tiedemann, C. Gödde u. H. Lonitz, hrsg. von Ulrich Ott, Marbach am Neckar 1990 (Marbacher Magazin 55/1990)

<table>
<tr><td>

Realisierung

Künstler
Dani Karavan, Tel Aviv / Paris

Mitarbeit: Atelier Dani Karavan, Paris
Gil Percal, Architekt (Assistent)
Carine Cohn (Organisation und Übersetzungen)
Anne Tamisier, Architektin (Modelle)

Projektleitung
Ingrid Scheurmann und Konrad Scheurmann, AsKI, Bonn

Mitarbeit: AsKI-Geschäftsstelle Bonn sowie
Yvonne Heinert, Figueres (Mitarbeit am Vorprojekt)

Leitender Architekt, Kalkulation und Planung
Pere Gaspar i Farreras, Barcelona

Mitarbeit: Ricard Sans i Camps, Architekt, Barcelona
Jesus Sanz Luengo, Statiker, Barcelona

Deutscher Vertrauensarchitekt
Jan Störmer, Hamburg

Ausführende Firmen

Geologische Untersuchungen: Battle & Mascareñas,
Mataro (Barcelona)
Bauleitung: Jaume Xatart Pujola, Darnius (Girona)
Generalunternehmer: Xatart-Baus. Construcciones,
Darnius (Girona)
Erdarbeiten: Eduard Perez, Figueres (Girona)
Betonarbeiten: Celso Diez Nuñez, Figueres (Girona)
Stahlarbeiten: Serralleria Heribert Mitjà, c.b., Figueres (Girona)
Elektroinstallation: Fabrega Instalaciones Eléctricas,
Portbou (Girona)
Hydraulik: Hifessa, Oleohidráulica, Figueres (Girona)
Landschaftsgestaltung: Pere Planas, Cabanas (Girona)
Glasherstellung: Sanuy y Rosell, S.L., Ripollet (Barcelona)
Glasgravur: Rabal Artesanos, S.L., Barcelona
Schriftherstellung: Digital Graphic, Barcelona

Vertreter der Gemeinde Portbou
Francisco Martínez Díaz, Bürgermeister
Josep Arribas i Sanz, Kulturrat
Joan A. Ramos i Mustarós, Architekt

</td><td>

Realization

Artist
Dani Karavan, Tel Aviv / Paris

assisted by: Studio Dani Karavan, Paris
Gil Percal, Architect (Assistant)
Carine Cohn (Organization and Translations)
Anne Tamisier, Architect (Models)

Project Directors
Ingrid Scheurmann and Konrad Scheurmann, AsKI, Bonn

assisted by: AsKI office, Bonn
Yvonne Heinert, Figueres, (Pre-Planning)

Executive Arcitect, Costing, and Planning
Pere Gaspar i Farreras, Barcelona

assisted by: Ricard Sans i Camps, Architect, Barcelona
Jesus Sanz Luengo, Quantity Surveyor, Barcelona

German Liaison Architect
Jan Störmer, Hamburg

Contractors

Geological Surveys: Battle & Mascareñas, Mataro (Barcelona)
Site Engineer: Jaume Xatart Pujola, Darnius (Girona)
Site Management: Xatart-Baus. Construcciones, Darnius
(Girona)
Earthworks: Eduard Perez, Figueres (Girona)
Concrete Construction: Celso Diez Nuñez, Figueres (Girona)
Steel Construction: Serralleria Heribert Mitjà, c.b., Figueres
(Girona)
Electro-Installation: Fabrega Instalaciones Eléctricas,
Portbou (Girona)
Hydraulics: Hifessa, Oleohidráulica, Figueres (Girona)
Landscaping: Pere Planas, Cabanas (Girona)
Glass Manufacture: Sanuy y Rosell, S.L., Ripollet (Barcelona)
Engraving: Rabal Artesanos, S.L., Barcelona
Typeface: Digital Graphic, Barcelona

Representatives of the Community of Portbou
Francisco Martínez Díaz, Mayor
Josep Arribas i Sanz, Member of the Portbou town council
Joan A. Ramos i Mustarós, Architect

</td></tr>
</table>

Förderung

Promotion

Das Projekt wurde gefördert durch:

Dr. Richard von Weizsäcker,
Altbundespräsident

Jordi Pujol,
Präsident von Katalonien

Hans Eichel,
Ministerpräsident des Landes Hessen

Erwin Teufel,
Ministerpräsident des Landes Baden-Württemberg

sowie die Regierungschefs der Länder
Berlin, Brandenburg, Bremen, Hamburg, Niedersachsen,
Nordrhein-Westfalen, Rheinland-Pfalz, Saarland, Sachsen,
Schleswig-Holstein

Landeskreditbank Baden-Württemberg

Fernando Perpiñá-Robert,
Botschafter des Königreichs Spanien, Bonn

Hermann Huber,
Botschafter der Bundesrepublik Deutschland, Madrid

Dr. Karl Friedrich Gansäuer,
ehem. Generalkonsul der Bundesrepublik Deutschland, Barcelona

Hans Heinert,
Honorarkonsul der Bundesrepublik Deutschland, Figueres

Abgeordnete des Deutschen Bundestages,
vertreten durch Dr. Volkmar Köhler, Freimut Duve
und Dr. Hermann Otto Solms

Dr. Erich Milleker,
Bundespräsidialamt

Dr. Volkhard Laitenberger,
Bundeskanzleramt

Dr. Monika Palmen-Schrübbers,
Bundesministerium des Innern

Dr. Sieghardt v. Köckritz, Prof. Dr. Günther Pflug,
Dr. Gerhard Dette, Vorstand des Arbeitskreises
selbständiger Kultur-Institute e.V., – AsKI, Bonn

The projekt was supported by:

Dr. Richard von Weizsäcker,
former Federal President

Jordi Pujol,
President of Catalonia

Hans Eichel,
Minister-President of Hesse

Erwin Teufel,
Minister-President of Baden-Württemberg

and the Heads of Government of Berlin, Brandenburg,
Bremen, Hamburg, Lower Saxony,
North Rhine-Westphalia, Rhineland-Palatinate,
Saarland, Saxony, Schleswig-Holstein

Landeskreditbank Baden-Württemberg

Fernando Perpiñá-Robert,
Ambassador, Spanish Embassy, Bonn

Hermann Huber,
Ambassador, German Embassy, Madrid

Dr. Karl Friedrich Gansäuer,
former Consul General, German Consulate General,
Barcelona

Hans Heinert,
Honorary Consul, German Consulate, Figueres

Members of the German Federal Parliament
represented by Dr. Volkmar Köhler, Freimut Duve,
and Dr. Hermann Otto Solms

Dr. Erich Milleker,
Federal President's Office

Dr. Volkhard Laitenberger,
Federal Chancellor's Office

Dr. Monika Palmen-Schrübbers,
Federal Ministry of the Interior

Dr. Sieghardt v. Köckritz, Prof. Dr. Günther Pflug,
Dr. Gerhard Dette, Executive of the Arbeitskreis
selbständiger Kultur-Institute e.V., - AsKI, Bonn

Projektfinanzierung

Die Finanzierung des Projektes

'Passagen' - Gedenkort für Walter Benjamin
und die Exilierten der Jahre 1933-1945

verdankt sich der großzügigen Unterstützung
der Generalitat de Catalunya, Barcelona

und der großzügigen Förderung folgender Länder
der Bundesrepublik Deutschland:

Land Baden-Württemberg,
Landeskreditbank Baden-Württemberg

Land Berlin

Land Brandenburg

Freie Hansestadt Bremen

Freie und Hansestadt Hamburg

Land Hessen

Land Niedersachsen

Land Nordrhein-Westfalen

Land Rheinland-Pfalz

Saarland

Freistaat Sachsen

Land Schleswig-Holstein

sowie privater Spender

Federführung der Bundesländer
Hessische Staatskanzlei, Wiesbaden, Dieter Kiltz

Finanzielle Abwicklung
Helga Sagner, AsKI, Bonn
Paul Beiler, Ingo Rolletter, Hessische Staatskanzlei Wiesbaden

Finanzierung des Vorprojekts
(erster Entwurf und erstes Modell)
Kulturabteilung des Bundesministeriums des Inneren, Bonn
(finanzielle Abwicklung: Herbert Sandfort)

Project Financing

Financing of

„Passages - Place of Remembrance of Walter Benjamin
and Exiles in the years from 1933 to 1945"

was made possible by generous support from
Generalitat de Catalunya, Barcelona

and generous assistance from
the following German Laender:

Baden-Württemberg
with Landeskreditbank

Berlin

Brandenburg

Bremen

Hamburg

Hesse

Lower Saxony

North Rhine-Westphalia

Rhineland-Palatinate

Saarland

Saxony

Schleswig-Holstein

as well as private donors

Overall Supervision for the Laender
Hesse Minister-President's Office, Wiesbaden, Dieter Kiltz

Financial Supervision
Helga Sagner, AsKI, Bonn
Paul Beiler, Ingo Rolletter, Hesse Minister-President's Office, Wiesbaden

Financing of preliminary planning
(draft, first model) Cultural Department of the Federal
Ministry of the Interior, Bonn
(financial supervision: Herbert Sandfort)

DAS PROJEKT
THE PROJECT

Übersetzungen

Deutsch - Englisch
Timothy Nevill (außer den Texten von Frank Tiesing und Tadayasu Sakai)

Hebräisch - Französisch
Carine Cohn, Atelier Dani Karavan
(Texte von Dani Karavan und Gil Percal)

Französisch - Deutsch
Reinhard Stempel (Texte von Dani Karavan und Gil Percal)

Katalanisch - Deutsch
Silke Graefinghoff (Text von Josep Arribas i Sanz sowie die Interviews mit Heribert Mitjà, Pere Gaspar i Farreras und Francisco Martínez Díaz)

Englisch - Deutsch
Reinhard Stempel (Text von Frank Tiesing),
Katja Hoffmann (Text von Tadayasu Sakai),
Konrad Scheurmann und Franz Fechner
(Interviews mit Dani Karavan und Pierre Restany)

Lektorat der englischen Übersetzungen
Ingrid Scheurmann

Fotografen

Constantinos Ignatiadis, Paris; S. 108
Foto Meli, Figueres; S. 79
Roman Mensing, Münster; S. 11, 13, 16, 17, 19, 21, 23, 25, 27, 29, 31, 50re, 51re, 58, 65, 71, 73, 75li, 83, 87, 91, 95, 98, 111, 113, 114li, 123, 143, 152, 153, 164, 165, 176
Frank Mihm, Kassel; S.: 46, 49, 52, 53, 55, 57, 60-62, 109, 116re, 117, 121, 149, 168, 169
Konrad Scheurmann, Bonn; S.: 14, 15, 40, 41, 45, 50li, 51li, 59, 63, 68, 69, 74, 75re, 82, 114re, 115, 116 li/mi, 136, 145, 156, 157
Bernhard Schurian, Berlin; S.: 70, 76, 77, 86, 120, 122, 129, 132, 133, 137
anonym; S.: 36, 37
Fotonachweis der Portraits von Walter Benjamin
S. 38-39 (von links nach rechts): Albert Meyer, Berlin, Lili Strauss, Berlin, J.C. Scharwächter, Berlin, A. Wertheim, Berlin, anonym, Germaine Krull, Gisèle Freund, Paris, Germaine Krull, Gisèle Freund, Paris, anonym, anonym, Gisèle Freund, Paris, Konrad Scheurmann, Bonn

Translations

German-English
Timothy Nevill (except the texts by Frank Tiesing and Tadayasu Sakai)

Hebrew-French
Carine Cohn, Studio Dani Karavan (texts by Dani Karavan and Gil Percal)

French-German
Reinhard Stempel (texts by Dani Karavan and Gil Percal)

Catalan-German
Silke Graefinghoff (text by Josep Arribas i Sanz and the interviews with Heribert Mitjà, Pere Gaspar i Farreras, and Francisco Martínez Díaz)

English-German
Reinhard Stempel (text by Frank Tiesing),
Katja Hoffmann (text by Tadayasu Sakai),
Konrad Scheurmann and Franz Fechner
(interviews with Dani Karavan and Pierre Restany)

Editing of the English translations
Ingrid Scheurmann

Photographers

Constantinos Ignatiadis, Paris; p. 108
Foto Meli, Figueres; p. 79
Roman Mensing, Münster; p. 11, 13, 16, 17, 19, 21, 23, 25, 27, 29, 31, 50ri., 51ri., 58, 65, 71, 73, 75le., 83, 87, 91, 95, 98, 111, 113, 114le., 123, 143, 152, 153, 164, 165, 176
Frank Mihm, Kassel; p.: 46, 49, 52, 53, 55, 57, 60-62, 109, 116ri., 117, 121, 149, 168, 169
Konrad Scheurmann, Bonn; p.: 14, 15, 40, 41, 45, 50le., 51le., 59, 63, 68, 69, 74, 75ri., 82, 114ri., 115, 116 le./mi., 136, 145, 156, 157
Bernhard Schurian, Berlin; p.: 70, 76, 77, 86, 120, 122, 129, 132, 133, 137
anonym; p.: 36, 37
Photographic Rights for the Portraits of Walter Benjamin
p. 38-39 from left to right: Albert Meyer, Berlin; Lili Strauss, Berlin; J.C. Scharwächter, Berlin; A. Wertheim, Berlin; anonymus;Germaine Krull; Gisèle Freund, Paris; Germaine Krull; Gisèle Freund, Paris; anonymus, anonymus; Gisèle Freund, Paris; Konrad Scheurmann, Bonn

Impressum

Konzeption
Ingrid Scheurmann und Konrad Scheurmann

Redaktion
Konrad Scheurmann, Katja Hoffmann, Elisabeth Naji,
Ingrid Scheurmann, Franz Fechner

Gestaltung
Marcus Veigel, Münster

Satz
Wolf-Typo, Mainz

Gesamtherstellung
Kunze & Partner, Mainz

Papier: BVSplus matt, 150g/m²
Schrift: QuaySans, Centennial
Litho: Saase + Heller GmbH

Copyright
Arbeitskreis selbständiger Kultur-Institute e.V. - AsKI, Bonn,
Autoren und Fotografen

Verlag Philipp von Zabern
Mainz 1995

CIP
Karavan, Dani:
Hommage an Walter Benjamin: der Gedenkort „Passagen"
in Portbou; ein Projekt des Arbeitskreises selbständiger Kultur-
Institute e.V., AsKI, Bonn

= Homage to Walter Benjamin/Dani Karavan. Hrsg. von
Ingrid und Konrad Scheurmann. - Mainz: von Zabern, 1995

ISBN: 3-8053-1865-0

184 Seiten mit 81 SW- und 54 Farbabbildungen

Impressum

Concept
Ingrid Scheurmann and Konrad Scheurmann

Editorial Staff
Konrad Scheurmann, Katja Hoffmann, Elisabeth Naji,
Ingrid Scheurmann, Franz Fechner

Design
Marcus Veigel, Münster

Type-Setting
Wolf-Typo, Mainz

Production
Kunze & Partner, Mainz

Paper: BVSplus matt, 150g/m²
Type: QuaySans, Centennial
Litho: Saase + Heller GmbH

Copyright
Arbeitskreis selbständiger Kultur-Institute e.V. - AsKI,
Bonn, Authors and Photographers

Verlag Philipp von Zabern
Mainz 1995

DAS PROJEKT
THE PROJECT